總序

南京，古稱金陵，中國著名的四大古都之一，是國務院首批公佈的國家歷史文化名城。

南京有着五十萬年的人類活動史，約三千一百年的建城史，約四百五十年的建都史，享有『六朝古都』『十朝都會』的美譽。南京歷史的興衰起伏在某種程度上可以説是中國歷史的一個縮影。在中華民族光輝燦爛的歷史長河中，古聖先賢在南京創造了舉世矚目、富有特色的六朝文化、南唐文化、明文化和民國文化，爲中華民族文化的傳承和發展做出了不朽貢獻。然而，由於時代的遞遷、戰爭的破壞以及自然的損毁等原因，歷史上南京的輝煌成就以物質文化形態留存下來的相對較少，見諸文獻典籍的則相對較多。南京文獻内涵廣博，卷帙浩繁，版本複雜。截至一九四九年中華人民共和國成立，南京文獻留存下來的有近萬種，在全國歷史文化名城中名列前茅。以六朝《世説新語》《文心雕龍》《昭明文選》，唐朝《建康實録》，宋朝《景定建康志》《六朝事跡編類》，元朝《至正

金陵新志》，明朝《洪武京城圖志》《金陵古今圖考》《客座贅語》，清朝《康熙江寧府志》《白下瑣言》，民國《首都計劃》《首都志》《金陵古蹟圖考》等爲代表的南京地方文獻，不僅是南京文化的集中體現，也是中華民族優秀傳統文化的重要組成部分。這些南京文獻，積澱貯存了歷代南京人民的經驗和智慧，翔實地反映了南京地區的社會變遷，是研究南京乃至全國政治、經濟、軍事、文化、外交和民風民俗的重要資料。

歷史上的南京文化輝煌燦爛，各類圖書典籍琳琅滿目。迄今爲止，南京文獻曾經有過三次不同程度的整理。

第一次是距今六百多年前的明朝永樂年間，明朝中央政府在南京組織整理出版了《永樂大典》。《永樂大典》正文二萬二千八百七十七卷，凡例和目録六十卷，分裝成一萬一千零九十五册，總字數約三億七千萬字。書中保存了中國上自先秦、下迄明初的各種典籍資料達七八千種，是中國古代最大的類書。

第二次是民國年間，南京通志館編印了一套《南京文獻》。《南京文獻》每月一期，從一九四七年元月至一九四九年二月共刊行了二十六期，收入南京地方文獻六十七種，包括元明清到民國各個時期的著作，其中收録的部分民國文獻今

天已經成爲絶版。

第三次是二〇〇六年以來，南京出版社選取部分南京珍貴文獻，整理出版了一套《南京稀見文獻叢刊》點校本，到二〇二〇年，已經出版了六十九册一百零五種，時代上起六朝，下迄民國，在學術普及方面做出了一定的貢獻。

中華人民共和國成立以來，尤其是改革開放以來，南京的政治、經濟、文化建設飛速發展，但南京文獻的全面系統整理出版工作一直没有得到應有的重視，這與南京這座國家歷史文化名城的地位頗不相稱。據調查，目前有關南京的各類文獻主要保存在南京圖書館、南京市檔案館，以及全國各地的高等院校、科研院所、圖書館、檔案館、博物館，少數流散於民間和國外。一方面，廣大讀者要查閲這些收藏在全國各地的南京文獻殊爲不便；另一方面，許多珍貴的南京文獻隨着歲月的流逝而瀕臨損毁和失傳。南京文獻的存史、資治、教化、育人功能没有得到應有的發揮。

盛世修史（志）。在中華民族和平崛起和大力弘揚民族傳統文化、全力發展民族文化事業的大背景下，在建設『文化南京』的發展思路下，中共南京市委、南京市人民政府於二〇〇九年十二月做出決定，將南京有史以來的地方文獻進行

全面系統的匯集、整理和影印出版，輯爲《金陵全書》（以下簡稱《全書》），以更好地搶救和保護鄉邦文獻，傳承民族文化，推動學術研究，促進南京文化建設；同時，也更爲有効地增加南京文獻存世途徑，提昇南京文獻地位，凸顯南京文獻價值。

爲編纂出能够代表當代最高學術水平和科技成就，又經得起時間檢驗的《全書》，我們將編纂工作分成三個階段進行。第一個階段爲調研階段，主要對南京現存文獻的種類、數量、保存現狀以及收藏地點等進行深入細緻的調研，召集專家學者多次進行學術論證和可操作性論證，撰寫出可行性調查報告，爲科學決策提供依據，此項工作主要由中共南京市委宣傳部和南京出版社組織完成。第二個階段爲啓動階段，以二〇〇九年十二月二十四日召開的『《金陵全書》編纂啓動工作會』爲標志，市委主要領導親自到會動員講話，市委宣傳部對《全書》的編纂出版工作作了明確部署。在廣泛徵求專家學者意見的基礎上，確定了《全書》的總體框架設計，確定了將《全書》列爲市委宣傳部每年要實施的重大文化工程，確定了主要參編責任單位和責任人，並分解了任務。第三個階段爲編纂出版階段，主要在全國範圍内進行資料的徵集、遴選和圖書的版式設計、複製、排版

及印製工作。

爲了確保《全書》編纂出版工作的順利進行，中共南京市委、南京市人民政府成立了專門的編纂出版組織機構。其中編輯工作領導小組，由中共南京市委、市政府領導以及相關成員單位主要負責人組成；《全書》的編纂出版工作由市委宣傳部總牽頭；學術指導委員會，由蔣贊初、茅家琦、梁白泉等一批全國著名的專家學者組成，負責《全書》的學術審核和把關。

《全書》分爲方志、史料、檔案和文獻四大類。自二〇一〇年起，計劃每年出版四十册左右。鑒於《全書》的整理出版工作難度較大，周期較長，在具體操作中，我們採取了分工協作的方式。市委宣傳部和南京出版社負責《全書》的總體策劃，其中方志部分，主要由南京市地方志編纂委員會辦公室和南京出版傳媒集團·南京出版社共同承擔；史料和文獻部分，主要由南京圖書館承擔；檔案部分，主要由南京市檔案局（館）承擔。《全書》的編輯出版，得到了江蘇省文化廳、江蘇省新聞出版局、江蘇省檔案局（館）、南京大學、南京圖書館、南京市文廣新局、南京市社科聯（社科院）、南京市文聯、金陵圖書館以及各區委宣傳部和地方志辦公室等單位及社會各界的熱情鼓勵和大力支持，尤其是得到了中國

國家圖書館和全國各地（包括港臺地區）高等院校、科研院所、圖書館、檔案館、博物館等藏書單位的鼎力相助，在此表示深深的謝意！

我們相信，在中共南京市委、南京市人民政府的長期不懈支持下，在各部門、各單位的積極配合和衆多專家學者的共同努力下，這項功在當代、利在千秋的傳世工程一定能够圓滿完成。

《金陵全書》編輯出版委員會

凡例

一、《金陵全書》（以下簡稱《全書》）收録的南京文獻，分爲方志、史料、檔案和文獻四大類。

二、《全書》按上述四大類分爲甲、乙、丙、丁四編，以不同的封面顏色加以區分；每編酌分細類，原則上以成書時代爲序分爲若幹册，依次編列序號。

三、《全書》收録南京文獻的地域範圍，包括了清代江寧府所轄上元、江寧、句容、溧水、高淳、江浦、六合。

四、《全書》收録的南京文獻，其成書年代的下限爲一九四九年。

五、《全書》收録方志、史料和文獻，盡量選用善本爲底本。《全書》收録的檔案以學術價值和實用價值較高爲原則，一般選用延續時間較長、相對比較完整的檔案全宗。

六、《全書》收録的南京文獻底本如有殘缺、漫漶不清等情況，必要時予以配補、抽換或修描，以保證全書完整清晰；稿本、鈔本、批校本的修改、批注文

字等均保留原貌。

七、《全書》收録的南京文獻，每種均撰寫提要，置於該文獻前，以便讀者了解其作者生平、主要内容、學術文化價值、編纂過程、版本源流、底本採用等情况。

八、《全書》所收文獻篇幅較大時，分爲序號相連的若幹册；篇幅較小的文獻，則將數種合編爲一册。

九、《全書》統一版式設計，大部分文獻原大影印；對於少數原版面過大或過小的文獻，適當進行縮小或放大處理，並加以説明。

十、《全書》各册除保留文獻原有頁碼外，均新編頁碼，每册頁碼自爲起訖。

總目録

金陵全書
甲編·方志類·專志

金陵涇邑會館録

（清）涇邑會館 編

南京出版傳媒集團
南京出版社

提要

《金陵涇邑會館録》（又名《金陵涇縣會館録》），一册，清金陵涇邑會館（又稱金陵涇縣會館）編。

會館是農耕社會時期的一個特定的産物，由流寓於客地的同鄉人建立的專供同鄉人集會、寄寓的場所，其資産來源於民間。以金陵涇邑會館爲例，爲保證會館的正常運營，既有社會捐助，也有房租和分存典當的收入等；并且，每項大額支出都願意接受社會捐助，比如惜字爐和百花課約捐輸、義冢捐輸等。在日常管理和運營中，會館還制定了各種規章制度，如館規、百花試館課約、大概章程、百花試館公啓、義冢管理規定等。除在制度面前人人平等外，會館還采取『公開、公平、公正』的方式公開會館全圖、公産編號備查、館外市房及財務等，隨時接受一定範圍内的監督和備查。同時，會館在實際運營中也能體現出官方的意志，如本書中官方文書和憑證的内容主要有各憲批示、皖南道詳奉、地契、房産契據、執照記録等，以及舉人、進士入住會館所享受的待遇等。本書涉及内容之

多，範圍之廣，堪稱會館大全。通讀本書，較爲引人注意的是其中的三篇序和一篇記。

本書共有三個序，前兩個序由趙良霨分别於清嘉慶十年和嘉慶二十一年撰寫。趙良霨（一七四四—一八一七），涇縣人，字肅徵，號肖嚴，乾隆辛卯（一七七一）舉人，乾隆乙卯（一七九五）進士，内閣中書，嘉慶戊午（一七九八）典試廣東，未幾即移疾歸杜門教授，以著書爲事。著有《讀春秋》二卷、《讀禮》十二卷、《讀詩》四卷、《肖嚴詩鈔》十二卷、《文鈔》四卷等。他在序中以『自京師而外，如皖城，如姑蘇，如江右，如楚，如川』指出涇邑會館在各地的分布情況；以『以爲會聚之所，所以聯繫鄉情，而議公事，匪虚設也』『實爲秋闈應試者設也』談金陵涇邑會館的基本功能；以『涇人好義，每有公舉，莫不慨捐』説明建設金陵涇邑會館資金來自於民間；且金陵涇邑會館『視他省爲尤急，於其急者而反缺焉』，後與『已别構一宅，廓其有容』的京師會館同時建成。

咸豐三年，太平天國在南京建都，南京易名天京，社會生活發生了變化，會館停止運營。後湘軍攻破天京，社會秩序逐漸恢復到咸豐癸丑（一八五三）

之前，金陵涇邑會館也恢復正常運營。于是，就有了第三個序，由陳守和於同治七年撰寫，除復述會館的基本功能外，着重説明會館自咸豐癸丑遭受『兵燹十二年矣，會館之頹朽穢污，有不堪言者，同治甲子年恢復後，賴先至有人極力保全，且幸同鄉好義如前，慨助急修葺，歲丁卯，爰請翟君柳堂專司其事，而捐輸者廣，屋宇之整理者焕然以新，鄉試應用之器具、什物亦遂完備無缺』。

秋闈是科舉制度下定期舉行的一種選拔人才的考試制度，也稱秋試、鄉試，經秋闈後的舉子逢朝廷恩科開考遴選出進士。江南學子在每年秋季到金陵應試。金陵涇邑會館的一項重要工作就是爲涇縣赴試的學子提供服務。同時，涇縣黃田商人朱宗濬牽頭在金陵鈔庫街購地營建旗峰試館，主要爲黃田朱氏子弟迎考提供住宿、餐飲服務，平時也爲黃田朱氏經商者提供臨時住所。旗峰試館與鄉試考場貢院很近，與金陵涇邑會館遥相呼應，相互補給。

因金陵涇邑會館中常設學子住所及攻讀的場所，爲持續喚起暫住學子對文昌帝君的信仰、對文化與文字的崇敬，會館在書館配套了惜字爐，便於學子及時焚燒處理帶字的紙張。涇縣學子趙紹祖於嘉慶二十四年撰寫《江寧會館惜

字爐記》，指出『學者不能偏識』，鼓勵學人要勤奮讀書，『識萬字則得萬字之用，識數千百字則得數千百字之用，即下至於通用之字、俗字、省筆字、訛字，而識之者亦莫不得其用，象犀珠玉一切珍异玩好之物，飢不可以當食，寒不可以當衣』『上古結繩而治，後世聖人易之以書契，百官以治，萬民以察』『供文昌帝君像於樓，而建惜字爐於階下，月之朔望，有拾取廢紙殘字以來者，權其多寡與之值，焚之於爐，而揚其灰於河，甚盛意也。首事者徐君英華以記請，因書此而予之』。并且，在這篇文章中，趙紹祖指明了趙良霨是其叔父。

這三篇序和一篇記從不同角度反映出金陵涇邑會館的功能、運營、資産來源、歷史傳承與興衰，以及涇縣人的氣質等。

《金陵全書》收録的《金陵涇邑會館録》以安徽涇縣史志館藏本爲底本影印出版。

黄飛松

金陵涇邑
會館録

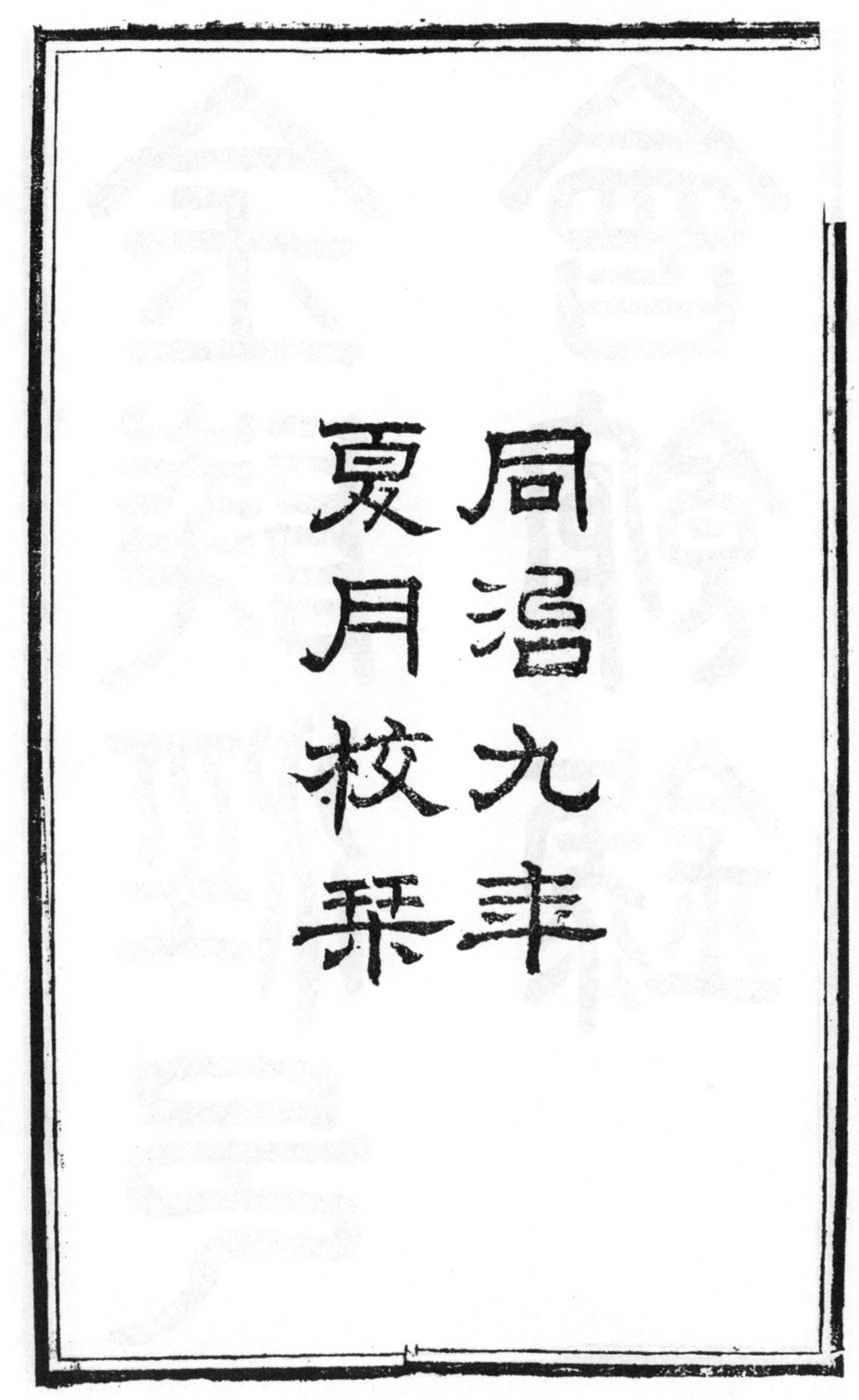

同治九年
夏月校栞

涇縣會館全圖

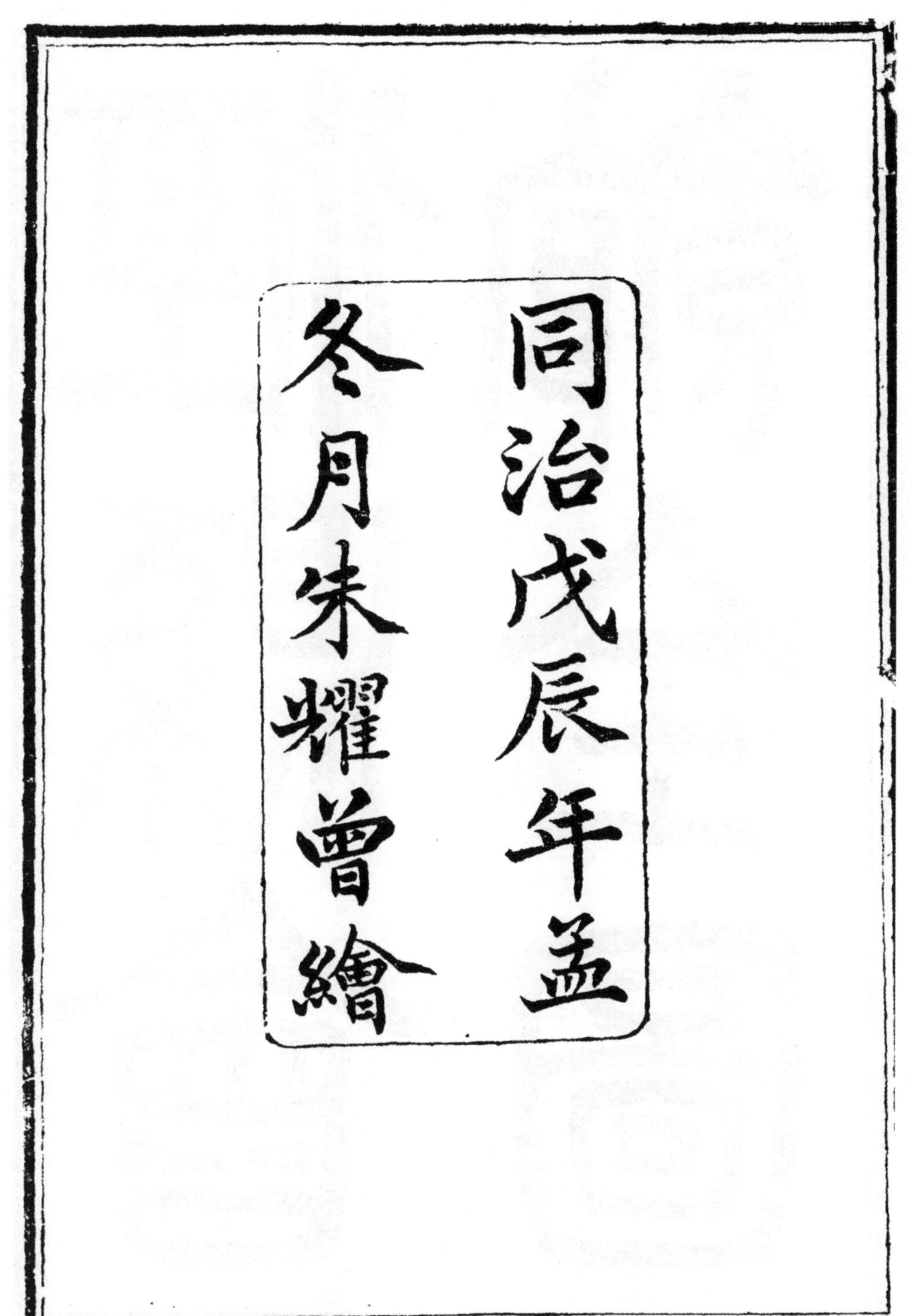
同治戊辰年孟
冬月朱耀曾繪

序

金陵固東南一大都會也上下江之商旅湊焉紳士聚焉故凡州邑之隸籍於兹省者莫不建有館舍以爲會聚之所所以聯鄉情而議公事匪虛設也吾涇去金陵不遠遊其地者或服賈或應試或分發以待銓歲不乏人雖一廛數室未能廓乎有容而征衫甫脱之時暫得息肩其中而後徐覔居停焉亦良便也嘗讀旅之六二即次之安與懷資斧得童僕同慶客遊而匆遽以求寓其何以安予於癸亥之歲授徒金陵遇同鄉諸君子首創其事輸銀若干得市民宅一區其基立矣顧凡物之情作始維艱圖成尤不易諸君子將爲之計久長則於目前修治之費

後此恢拓之用工役浩繁不能不求助于衆力也囑爲序以勸之予謂涇人好義每有公舉莫不慨捐故會館之建自京師而外如皖城如姑蘇如江右如楚如川不一其所況金陵之館視他省爲尤急於其急者而反缺焉好義者當不如是吾知諸君子設誠以爲之倡必有以感人心之同而成所務也已

嘉慶十年歲次乙丑仲冬月上浣邑人趙良霨撰

序

建會館於兩江省垣吾涇人之貿易其地者首創是議非自爲計實爲秋闈應試者設也予時授徒金陵感諸君子之好義爰爲序以勸捐顧私念吾涇沐浴

聖澤烝烝向風應賓興者多至數百非廣厦烏足容之恐工費浩繁慮始易圖成維艱又念諸君子業有成言必不中阻或鳩衆得千金能置一廛數室俾客遊者暫爲寄跡而後徐覓居停事亦良便曾不意此議一出闔邑響應甫十年而其事竟得告成也予少時屢上公車見

京師會館卑庳編小直如傳所云舍於隸人者意欲易舊謀新

而力不能今已別構一宅廓其有容而適與金陵之館同時建立兩役並興無畏縮拮据之態吾涇人之急公尚義爲何如也

予自金陵歸老不出遊未知其規制何若時從戚友間訪之則云館在南城内百花巷面臨秦淮前有大堂後有重樓於樓上

下奉祀

關聖　文昌兩帝君左右抱宅各有堂有樓有室井湢庖厨畢具約計百數十楹近又新建門堂以重價易市房之當門者而

坼毁之使庭道寬坦前無阻塞足容車馬往來規模宏而心計周自兹以往不惟士之應試南闈者戾止如歸即貿易塲中歲

時會聚亦足聯同鄉共井之情誠可記也已昔曾子居武城則

戒毀傷其薪木叔孫昭子在晉凡所館者雖一日必葺其墻屋吾願後之假寓於此者以前賢爲法而小心謹愼以居之則善矣是役也創始於嘉慶十年乙丑暨工於二十年乙亥凡司事之勤勞捐輸之慷慨俱屬人情所難宜勒於石並刊姓氏於館錄俾得與是館永存時

嘉慶二十一年歲次丙子仲春月邑人趙良霨撰

趙秀山　陳顥　曹天一

胡其臻　吳復應　趙叶吉

首事徐英華　衛永清　劉棟興

汪韶成　胡大元　王千壹

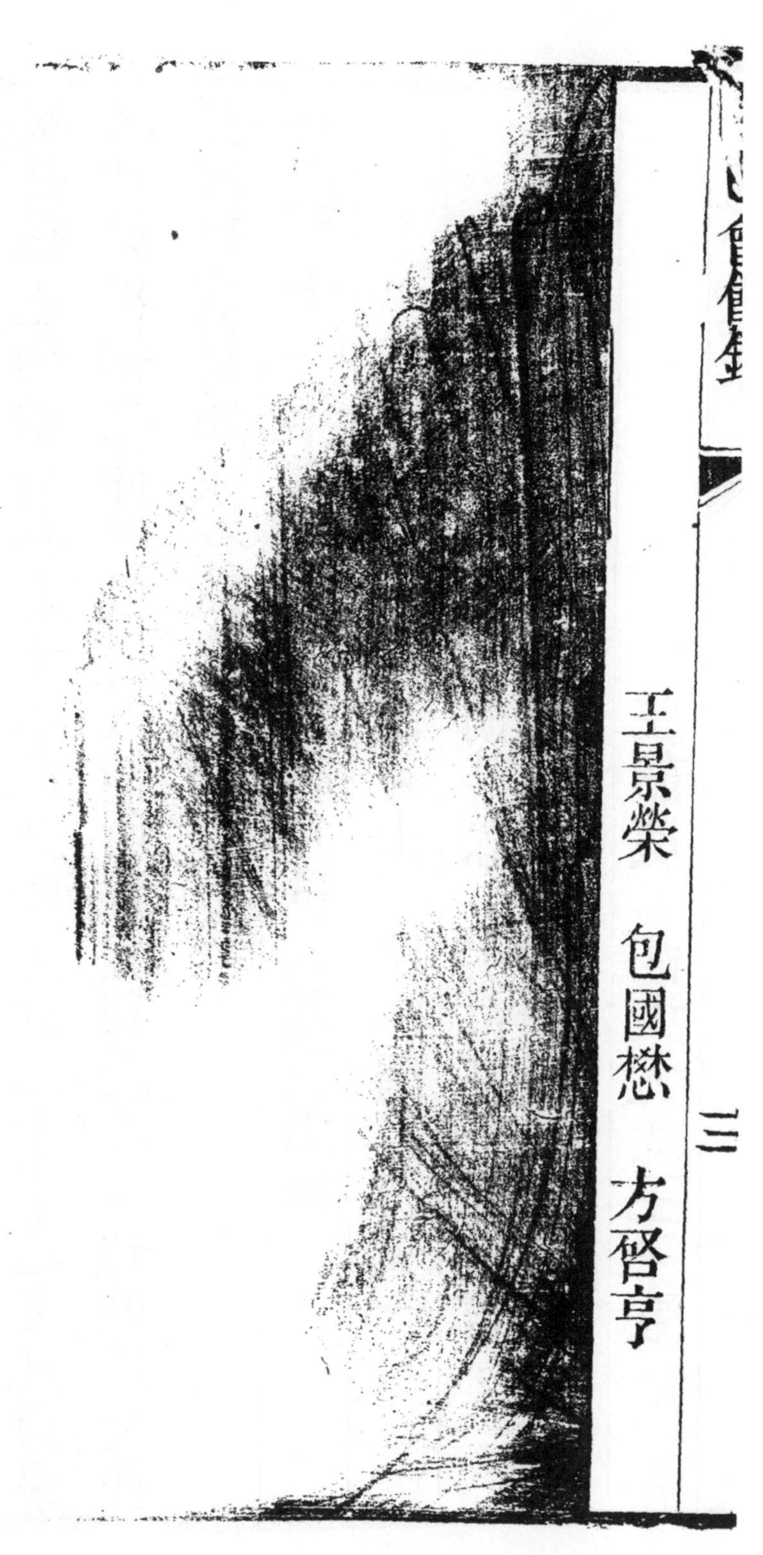

邑會館録

三

王景榮　包國懋　方啓亨

江寧會館惜字爐記

同在衆人之中而獨有倀倀然而莫知所之者誰乎曰惟瞽者爲然今瞽者無倀倀然而莫知所之者乎曰惟不識字者爲然易繫辭曰上古結繩而治後世聖人易之以書契百官以治萬民以察然則欲求治與察非書不可漢尉律學僮十七已上始試諷籀書九千字乃得爲吏後世字愈滋集韻所收乃多至五萬有餘盖雖文人學士究心小學者不能徧識然而識萬字則得萬字之用識數千百字則得數千百字之用卽下至於通用之字俗字省筆字譌字而識之者亦莫不得其用象犀珠玉一切珍異玩好之物飢不可以當食寒不可以當衣然而人重價

而購之什襲而藏之莫不知寶而惜之者以得其用也然其爲用者小用於此而又不可通於彼至於字則上自朝廟官府政事所敷布高文典册之所垂示文移所用爲士者以博取科名傳述作以及於市井賬目鄉里質劑咸莫不得其用乃以不必重價而購什襲而藏旋用之而旋棄之竟不知寶而惜之可乎吾涇同人新建會館於江寧其詳具於家叔省巖公之序與記旣乃供文昌帝君像於樓而建惜字爐於階下月之朔望有拾取廢紙殘字以來者權其多寡與之值焚之於爐而揚其灰於河甚盛意也首事者徐君英華以記請因書此而予之

嘉慶二十四年春三月　日琴士趙紹祖記

各鎮首事名目列左

漢陽鎮　朱　爕　洪　胡　鄭

灣沚鎮　翟　賢　吳世綿　陳金山　吳夏九

陳文教　翟　海　朱　多　吳百部

趙興寶　胡士大　潘啟洪　章　調

加捐　章有聲　翟恒寶　王道佩　翟永藻

吳景福　翟道祺　吳承貯　陳翰年

吳紹齋　潘周雲　胡承璽

蕪湖　趙　蘭　潘膺傑　董衡山　查爾熾

王道焯　張志列

西河鎮 章耀祖 吳誠意

加捐 吳燕山 章錦堂 潘俊惠

青陽 徐芳潛 查三和 陳德耿 徐明玉

高淳 查元壽 翟全五 王松年 王安豫

朱安眉 王蟠壽

宛陵 朱楷 查崇本 胡華園 朱瑞田

舒迎春

太郡 采石 鄭延仁 鳳圖南 胡錦章 衛菊山

查思滋

慈湖 同井

江寧鎮 板橋 包國愈

小丹陽　博望　查星華　胡先油　翟慄來　查鴻來
包康寧　王玉書
和州烏江橋里　徐良祥　王永元
姗下　江浦　胡仲九　徐瀛桂
句容　溧水　查夢華　翟爲霖　衛源興
大通鎭　查崇烽　趙三進　徐二林　葉　兆
姑蘇　曹維新
溧陽　查崇樹　王四海　舒成志
孤峯丁坦章渡　王文寶　胡仲九　章甫生　董天爵
東坑胡材坑口　趙文宛　衛洪興　王　彬

港口　壩頭　俞凌霄　俞露沾

北貢里　坐壠雪嶺　徐寧泰　陳先達　翟永朋　胡松茂

馬其中

荻港鎮　查孟春　舒養志　王燦廷

赤灘　馬頭　吳怡順　吳景元　章　慥

弋江　吳思誠　吳飛鳴

楊巷徐舍和橋　徐廷梅　徐耀祖　查耀若　徐夢蘭

東壩張渚梅渚　查高年　查繼泰　查肇拘　查啟泰

查謀慊

順安　黄滸　吳承鴻　董承祥　章玉聲　胡承欽

汪旮 董次豫

孫家埠 章成瑛

丁家洲 犂橋 吴禹功 董光祖

池州 銅陵 吴倍元 董沛 陳德昭

宜興 查之英 呂從慶

塘溝 固城 章大猷 翟鳳雲

霍山 蘇家埠 胡必豪 鄭嶔 王雙南

涇邑會館録

立杜絕賣住房文契汪某等今將祖遺復行翻盖公共住房一業坐落城中江寧縣百花巷大此字鋪地方計坐北朝南迎街門面青墻拾號一進西首正宅平房並排叁間二進起捲轎廳叁間並轎廳左首走巷一道自二進重門口起至三進大廳後簷墻止共瓦披四廈三進起捲大廳叁間四進樓房上下陸間佛閣一座並一進西右首倉房壹間空苑一大方並二進西右首洋樓上下貳間花圃一方玉蘭樹一株左右層纍山石全並三進西右首大書房壹間花圃一方天竹一株牡丹一株左右層纍山石全並四進西右首書樓房上下小肆間前簷接樓簷走廊瓦披一廈朝北走廊並排瓦披房五廈中左右廂房瓦披三

厦五進樓房上下拾間左右廂樓上下四間東首瓦披房一厦六進西首樓房上下陸間並六進大厨房貳間食灶三眼七進東首樓房上下肆間並七進西首平房叁間食灶一座後苑一方梧桐樹一株瓦披二厦東厠二座外後門圍墻五號一道後路通旋子巷九兒巷後路全並正宅東首迎街門面樓房上下陸間樓下抽巷一道接樓簷瓦披房貳厦並二進廳東首樓房上下陸間並三進正廳東首廳樓房上下陸間廳後左首厨房壹間左右披房二厦並四進東首樓房上下陸間左右走廊瓦披房二厦五進東首樓房上下陸間左右走廊瓦披房二厦五進東首樓房上下陸間後走巷三號以鄰墻爲界外厨房壹間

食灶一座瓦披房一厦後苑一大方食井一元並正宅東左首
迎街一進平房叁間外圍房坐西朝東迎街旋子巷街一進門
面青墻玖號中一進平房貳間二進平房貳間三進平房貳間
瓦披房一厦並一進南右首平房叁間花圃一大方右首走廊
瓦披叁號花臺二座墻梅樹一株並二進廳樓房上下陸間並
一進北首平房並排肆間並二進北首平房肆間食灶一座通
至後逐進丹墀天井全門全逐進照墻全門全後簷墻全門全
逐進分墻腰墻全門全隨房週圍前後左右四至墻壁照本房
柱脚上房瓦片下地土木磚石房地相連在房裝修逼前至後
簷板門扇窗格枋檻瓦片分間腰間房地板樓地板樓楞仰板

堦沿石坡石檻墊石各處週圍逐進摩磚雨搭門樓重門箭脚山石樹木花卉花臺竹木水管閣漏鉄勾銅鉄拴鉢花撒燈牖拴環扣搭俱各絲毫不動另单交代今因正用通家啇議明白凂托中友說合情願將本房凴官牙立議立契杜絶賣與

涇邑公衆　名下永遠執業聽凴拆卸翻盖改造公所會舘當日三面言定本房時值杜絶賣價九五足色曹平九叁足兑銀叁阡伍伯兩整其銀卽日對衆一平親手收訖毫不短少銀契兩交明白此房自杜絶賣後遵奉　部憲例禁凡杜絶之產永無增找永不回贖永斷葛藤房係汪姓祖遺已產賣後倘有族親長幼上業異姓人等爭論及重複典當契紙不明家

務分晰一切不楚等事俱是賣主一力承當與買主毫無干涉
此係兩相情願允買服賣契明價足並無私債準折逼勒成交
等情今欲有憑立此杜絶賣住房文契永遠存照
計附原買本房正紅契叁紙又上首紅契肆紙付執再照
嘉慶拾壹年五月二十一日立杜絶賣住房文契
汪共秋　衡南　文璇　問瀾
同子姪　維常　儋庭　春原　謝庭　燊書　秀堂
旋安　宏椝
同姪孫　旭輝　應秋
立杜絶賣店房文契劉丞年今將原買己產一業坐落城中江

甯縣大字鋪地方計迎街門面靑墻二號內一進五架樑平房
並排二間右首天井一方二進五架樑平房壹間後墻一道爲
止左首大天井一方後墻爲止東厠全食灶壹眼隨房左右墻
壁照本房柱脚上下土木瓦片磚石房地相連在房裝修俱各
絲毫不動另有細單交代今因正用是以嘀議明白凂托中友
說合願將房憑官牙立契出杜絶賣與
涇邑會館名下永遠執業當日三面言定本房時値杜絶賣價
九五色曹平九三兌銀八十兩整其銀卽日對衆一平親手收
訖毫不短少銀契兩交明白此房自杜絶賣後聽憑買主任意
從新拆卸翻蓋永遠執業遵奉　部憲例禁凡杜絶之産契

明價足永無增找永不回贖永斷葛藤房係劉姓原買己產賣後倘有長幼上業人等爭論及重複典當契紙不明家務一切不楚之事俱是賣主一力承當與買主毫無干涉此係兩相情願允買服賣並無私債準折逼勒成交等情今欲有憑立此杜絶賣店房文契永遠存照

嘉慶二十三年十二月　　日立杜絶賣店房文契劉永年

立杜賣房文尹朱氏同子瀏源今將夫遺原典歸杜顡房一業坐落城中江甯縣大字鋪地方計廹街門面捌搨搭卸磚墻一道大門內一進五架樑樓房上下二間天井一方廂樓上下二廈隨墻壁上下土木磚在房地相連並無房裝修佛閣一座雙

眼食灶一座一切等件俱各絲毫不動另單交代其房現在傾頽朽濫不堪今因需用合家商議明白凂中說自情願將房憑官另立杜絶契賣與

涇邑會館名下永遠執業居住當日三面言定照時值價九五色另砝九五兌銀叁拾兩整其銀卽日對衆一平親手收受毫無短少銀契兩交明白自賣之後聽憑買主拆卸翻蓋並無阻當係夫自置原產與別房無涉倘有親族長幼及上業異姓人等爭論俱係出主一力承當與買主無涉永無增找永無回贖欲後有憑立此杜絶賣契永遠存照

嘉慶二十三年十二月　日立杜絶賣契人尹朱氏同子潮源

立杜絶賣佃房文契馬如琴今將原買佃房一業坐落江甯縣城中百花巷大字舖地方計迎街門面六架樑平房一間暗閣一座後墻爲止隨房墻垣上下土木房地磚石相連在房裝修等件俱各絲毫不動隨房交代今因缺正用通家商議明白浼托中友說合自情願將此房憑官牙立契出杜絶賣與
星聚堂名下永遠執業取租當日三面言定本房照時估値杜絶賣價九五色牙砝九五兌銀叁拾壹兩整其銀卽日對衆一平親手收受毫厘不少銀契兩交明白本房自賣之後聽憑買主拆卸翻蓋任意更改永遠爲業日後永無增找永不回贖此房係馬宅原買己産與別房無干倘有族戚爭論以及契紙不

明重複典當之事俱是馬姓一力承當與買主無涉今欲有憑立此杜絶賣佃房文契永遠存照

道光六年正月　　日立杜絶賣佃房文契馬如琴

立杜絶賣住房文契陳燿亭仝弟光華今將父遺原買住房一業坐落江甯縣城中大字鋪地方計迎街板壁一號內一進七架樑平房一間天井一方照墻一道丹墀一方食井一元左手遊廊並排二厦二進起捲兩敀三廳房三間後墻爲界左首墻門一道小披房一厦小天井一條並門房左首厨房一厦墻門一道並丹墀二進五架樑對照並排三間天井三號三進七架樑平房並排三間小天井一條東厠前後隣墻爲界隨房倒卸

墻垣上下土木房地磚石相連左右墻垣照本房柱脚交代在房朽濫不全裝修隨房交代另單存查近因房屋朽濫墻垣傾卸疊次水荒無力翻蓋今因正用上連椽瓦下併地基磚石柱磉四圍隣墻出入行路並無存留合家商議明白浼託親中說合自情願將此房憑中邀約官牙盡淨立契出杜絶賣與涇邑會館名下永遠執業應用當日三面言明照估値杜絶賣價四色半京紋曹平八五兌銀壹伯兩整其銀卽日憑衆一平親手收楚毫厘不少銀契兩交明白此房自杜絶賣後聽憑買主拆卸翻蓋改造易新永遠執業遵奉　部例凡杜賣之産契明價足賣後永不增找永不回贖今欲有憑立此杜絶賣住房

文契永遠存照

道光二十九年十月　　日立杜絕賣契陳耀亭

立杜絕賣佃房文契朱周氏仝子期祥今將祖遺遠年原典己產一業坐落江甯縣城中大字舖地方計迎街門面內一進平房並排二間內暗閣二厦後墻爲界隨房左右墻垣上連椽瓦下並基地磚石相連在房裝修門扇枋檻俱各絲毫不動契後載明交代本房仍歸杜脚爲憑悉照舊置通家商議明白凂托族中說合自情願將此佃房並無存留儘行憑官牙立契杜絕賣與

涇邑會館名下永遠執業當日三面言定照時估值本房杜絕

賣價曹平四色半足京紋八五兌銀貳拾兩整其銀卽日憑衆一平兌楚親手收足分厘不少銀契兩交明白此房自杜絶賣後聽憑買主拆卸翻蓋任意更新永遠爲業房係朱姓祖遺遠年原典已產倘有族親長幼上業異姓人等爭論俱爲出主一力承當與受主無涉今欲有憑立此杜絶賣佃房文契永遠存照

計附本房原典稅紅契一紙又上首上上首契二紙付執又照

道光二十九年十二月　　日立杜絶賣契朱周氏仝子期祥

立杜絶賣契尹涵章今將原典住房一業坐落江邑城中百花

巷內大字鋪地方計迎街門面二號左首五架樑房一間右首七架樑房一間左右板暗閣二座俱以後墻爲界隨房倒卸墻垣上下土木房地磚石相連左右墻垣照本房柱脚交代在房朽濫不全裝修隨房交代另單存查近因房屋朽濫墻垣倒卸叠次水淹無力翻蓋因缺正用上連椽瓦下併基地磚石柱脚四圍隣墻出入行路並無存留合家商議明白央託親中說合自情願將此房憑中邀約官牙盡淨立契出杜賣與

涇邑會館名下永遠執業當日三面言定照時値價四色半京紋曹平八五兌銀貳拾兩整其銀卽日對衆親手收楚毫厘不少銀契兩交明白例將典契三十年外税紅出杜不出杜絕字

樣是以難覓受主今尹姓原典契據稅紅杜賣此房自賣之後聽憑買主拆卸翻蓋改造易新永遠執業永不增找永不回贖房係尹姓祖遺己產買後倘有親族異姓人等爭論俱係賣主一力承當與受主毫無干涉今欲有憑立此杜絕賣契永遠存照

道光三十年　月　日立杜絕賣契尹涵章

以上買收六契其業併歸館內改造房屋

立義助字永勝會衆等緣身等合買收江甯城中大字鋪周姓住屋一宅計平房一間又買葉姓平房二間半四至載契與會館門堂左首緊隣前因門堂左邊緊逼難以擴大於　道光十

一年經手茶絲行等將所買該宅助歸會館湊段成錦立有助契但因會内公堂貲本甚微蒙館内歷年撥出玖捌伍錢拾千歸會内演戲酬

神董事陳謹之等于公簿親筆批收舊歲會館將所該助之屋從新拆造坐東朝西樓屋四間規模式廓增勝于前於闔邑應試者稱大庇焉身等願將歷年館内貼演戲之錢永不復支會内合議無不踴躍從心奈比落成試期已畢各鄉與考諸公俱已散歸未及憑請書立字據今逢大比各族鄉長齊集省垣是以會内公請設立助契勒石誌錄自助以後所該助屋宅仰承先志仍前聽館執業收租其歷年館内所貼演戲之錢自

咸豐三年爲始永不復支會內人等均毋異言欲後有憑立此

義助字永遠存照

咸豐二年七月二十六日立義助字永勝會衆等

附載永勝會買收老契二紙

立杜絶賣住房文契葉潮源今將祖遺原置己產住房一業坐落城中江甯縣大字舖地方計迎街門面靑墻二號一進七架樑平房並排二間天井二號左首橫夾墻巷一道東廁一座右首披房壹厦食灶一座墻一道天井一方過披壹厦二進橫左首五架樑平房壹間以後墻爲止隨房通前至後左右墻壁均照本房柱脚爲憑上房瓦片下地土木磚石房

地相連在房裝修俱各絲毫不動另單交代今因正用通家
商議明白凂托中友說合願將此房憑官牙立契出杜絕賣
與
涇邑會館永勝會名下永遠執業當日三面言定本房時值
杜絕賣價九五色牙砝九五兌銀陸拾伍兩整其銀卽日對
衆一平親手收訖毫不短少銀契兩交明白此房自杜絕賣
後聽憑買主從新拆卸翻蓋永遠執業　部憲例禁凡杜
絕之產契明價足永無增找永不回贖房係葉姓祖遺己產
並無葛籐賣後倘有長幼上業人等爭論及重複典當契紙
不明家務一切不楚之事俱是賣主一力承當與買主毫無

干涉此係兩相情願允買服賣並無私債準折勒逼成交等
情今欲有憑立此杜絶賣住房文契永遠存照
嘉慶二十一年二月　日立杜絶賣住房文契葉潮源
立杜絶賣房文契周永年福今將父遺原買己產業坐落城中
江甯縣大字鋪地方計迎街門面七架樑平房一間後墻爲
界其房之內樓閣一座隨房墻壁上下土木磚石房地相連
並在房裝修俱各絲毫不動另單交代今因正用闔家商議
明白浼托中隣說合自情願將房憑官牙立契杜絶賣與
涇邑會館永勝會名下當日三面言定照時估値得受杜絶
賣價九九制錢貳拾陸千文整其錢卽日對衆一併親手收

受毫無短少錢契兩交明白自賣之後聽憑買主折卸翻蓋
並無阻當房係父遺原買己產與別房無涉倘有親族長幼
上業異姓人等爭論以及契紙不明家務分晰不清重複典
當並一切葛藤不楚之事俱係賣主一力承當與買主毫無
干涉永不增找永不回贖今欲有憑立此杜絕賣契永遠存
照

附本房原買杜典正紅印契壹壹紙印尾全又批銷廢典壹紙其
叁紙付執再照

嘉慶二十三年十二月　日立杜絕賣人周永年永福

以上永勝會助契一紙老契二紙其業歸本館改造安吳別

業迎街樓屋叁間厨房壹間

立合同換約人涇邑會館秦元禧等緣秦元禧等祖遺厠所一業並基地一塊計長一丈濶八尺坐落江甯城中百花巷大字鋪與涇邑會館左首屋宇相連兩下不便今憑地保兩家商議明白涇邑會館將小百花巷巷口厠所一業並基地一塊計長一丈濶八尺易換與秦姓執業挑本秦姓厠所易換與涇邑會館執業改造兩爲妥便所有地租照前業各行完納此係兩相情願兩不增找錢文自換以後各執各業倘有右司旗下同班班夥一切葛籐不清之事俱秦姓一力承當與會館毫無干涉倘有街隣地甲人等爭論俱會館一力承當與秦姓毫無干涉今欲有憑立

此合同換字一樣兩紙各執一紙存照

道光三十年八月初九日立合同換約涇邑會館秦元禧等

以上會館東南墻角換地契一紙

立杜絶賣基地並朽濫房文契蔣載同同子益堂同姪炳南嘉幹培基茂林金章馨逵耀鵬今將祖遺住房迫後先後坍倒僅存基地朽房一業坐落城中江甯縣大字鋪地方計迎街門面左首朽濫房壹間並朽房迎街門面基地壹號二進並排基地肆號一大方隨房基地左右墻垣是日邀請各隣到席均照本房墻垣界址憑隣指明四至載明契後註明交代其房係屬公産將契分裁六房各執内有五房曾居北京病故六房故絶無人因日年久

遠契紙遺失不全無從查理故難出變以至後主契紙不全亦難以承買是以通家商議明白先行具呈江邑縣主備案給執蒙批變受産業從無給照之例爾等既係出變應得之産並未盜賣卽遵批自爲覓售可也給姑附是以浼托中友說合願將此基地並朽房憑官牙立契出杜絶賣與

涇邑會館名下永遠執業當日三面言定此基地並朽房時值杜絶賣價九五色曹平九三兌銀壹百零叁兩整其銀卽日對衆一平親手收訖毫不短少銀契兩交明白此房自杜絶賣後聽憑買主折卸翻蓋起造房屋永遠執業遵奉　部憲例禁凡杜絶之産契明價足永無增找永不回贖永斷葛籐此基地

並朽濫房蔣姓六房祖遺之產僅身等九人並無他人並未盜賣俟後倘有房分不淸倘有族親長幼人等爭論以及重複典當遺失裁契質押不明家務分晰一切不楚之事俱是出賣人等一力承當與買主毫無干涉此係兩相情願允買服賣並無私債準折逼勒成交今欲有憑立此杜絕賣基地並朽濫房文契永遠存照

嘉慶十三年十二月　　日立杜絕賣基地並朽濫房文契

蔣載同同子益堂

以上照墻後房屋契一紙其房於三十年做造

立杜絕賣朽濫住房文契王炳仝子如桂今將祖遺原置住房

一業坐落江寧縣城中大字鋪地方計迎街門面青墻一二號大門内天井一条一進七架樑平房並排二間天井一方二進七架樑平房並排二間天井全三進房地並排二間後墻二二號前至官街後至石駁岸左至隣人王姓山墻右首以普寧菴山墻爲界隨房上下土木房地磚石相連在房朽濫不全裝修俱各絲毫不動另單交代其房曾於乾隆四十六年三月間兩契其房四間出典與不宗王姓執業居住得受過典價錢文而王姓典主多年未修房屋朽濫不堪無力修理因浼托中友說合自願將此房贖回並基地憑中行立契一併出杜絶賣與

涇縣會館名下永遠執業起蓋居住當日三面言定本房照時

估値杜絕賣價九八五制錢捌拾千文整其錢郎日對衆一總親手收足分文不少錢契兩交明白其房自杜絕賣後聽憑買主拆卸翻蓋永不增找永不回贖今欲有憑立此杜絕賣住房文契永遠存照

此房正契遺失日後撿出以作廢紙無用又照

道光十九年八月　日立杜絕賣住房文契王炳全子如桂

以上館埠契一紙

立杜絕賣店房文契王文寶全姪元桂子元長今將原買店房一業坐落江甯縣三山門職字鋪地方計迎街門面二號一進五架樑平房並排二間二進接簷兩攺三五架樑平房並排三間後天

井一方半墻一道隨房在城墻右照本房柱脚爲憑上房瓦片
下地土木磚石房地相連在房裝修俱各絲毫不動隨房交代
今因正用通家商議明白凂憑中友說合願將此房憑中立
契出杜絕賣與
涇縣會館名下永遠執業取租當日三面言定本房時値杜絕
賣價九五色牙砝九五兌銀貳伯貳拾兩整其銀卽日對衆一
平親手收訖毫不短少銀契兩交明白此房自杜絕賣後聽憑
買主從新拆卸翻蓋執業永不增找永不回贖今欲有憑立此
杜絕賣店房文契永遠存照
計附原買本房紅契一紙又上首紅契一紙又回贖鄭姓典

契一紙共三紙付執又照

道光三年十一月　　日立杜絶賣店房文契王文寶同子

姪元浩元柱元長

以上三山門職字舖市房契一紙

立杜絶賣店房文契朱錫川同子步蟾今將原買店房一業坐落城中上元縣珠寶廊來東字舖地方計朝南迎街門面一進七架樑樓房上下二間右首樓披一厦天井一方二進七架樑平房一間後天井一条左首墻門一道外走巷披一厦爲止在房裝修櫃張俱各絲毫不動另單交代隨房左右墻垣照本房柱脚查交上房瓦片下地磚石土木相連近因正用通家商議

明白凂托中親友説合自願將此房憑官牙立契出杜絶賣與涇縣會館名下永遠執業聽憑拆卸翻蓋當日三面言定本房時値價九五色曹平九三足兌銀壹百肆拾兩整其銀卽日對衆一平親手收訖毫不短少銀契兩交明白自賣以後永不增找同贖今欲有憑立此杜絶賣店房文契永遠存照

嘉慶二十五年六月　日立杜絶賣店房文契朱錫川仝子步蟾

立杜絶賣住房基地文契彭顯鉞 王陳氏同子如意 今將二姓公置住房內空地一業坐落上元縣城中來東鋪地方計劈二進基地一方深二號寬一號南至彭姓墻北至王姓墻爲界四至開明

今因正用二家公同商議明白浼托中友説合自情願憑官牙立契將此地杜絕賣與

涇縣會館名下永遠執業當日三面言明照時估値得受杜絕賣價九八大錢陸千文整其錢卽日憑衆彭王二姓親手收足分文不少錢契兩交明白遵奉　部憲定例凡民間杜絕賣產契明價足自賣之後聽憑買主自行起蓋房屋永遠爲業日後永無增找永不回贖今欲有憑立此杜絕賣住房內空基地文契永遠存照

道光十二年十二月　日立杜絕賣契彭顯光　顯望

王陳氏仝子如意

以上珠寶廊跑馬巷市房契二紙

立劈典店房文契梁璞山礛堂石城今將祖遺原買受分店房一業坐落
上元縣城中羊市橋朿字鋪地方計劈出迎街門面樓房上下
六間後以墻爲界隨房墻垣上下土木房地磚石相連在房裝
修櫃張等件俱各絲毫不動隨房交代此房現租開骨子店並
無頂首近因正用通家商議明白浼托中友說合自情願將此
房憑官牙立契出劈典與
會館星聚堂名下執業取租當日三面言定本房照時估值得
受劈典價九五色牙砝九五兌銀一百一十兩正其銀卽日對
衆一平親手收受毫釐不少銀契兩交明白言定典期七年爲
滿原價回贖並無濫木之說年限不滿不言回贖倘限內回贖

今典主所用一切使費照年派認無辭房内掃什小修典主自備倘動土木大工添置磚瓦木植工料銀兩註明賬目設遇不虞之事地歸典主墊銀起蓋仍舊執業取租所墊用工料銀兩亦係眼同註明賬目統俟囘贖日合正典價一併兌贖無異房係梁姓祖遺原買受分己產與别房族衆無涉成後倘有族戚長幼上業異姓人等爭論以及契紙不明重複典當家務内外分晰一切葛籐不清之事俱是出主一力承當與典主毫無干涉此係兩相情願允典服當其中並無私債準折勒逼成交今欲有憑立此劈典店房文契存照

道光二年四月　日立劈典契梁鑑堂 璞山 石城

立轉典房文契徐逵興今將父遺原典店房一業坐落上元縣城中羊市橋來東鋪地方計迎街朝南一進門面樓房上下四間前至有廊內天井兩號一方二進七架樑平房並排二間後簷墻爲界隨房左右墻垣均依柱脚交代上房下地磚石瓦片土木相連在房裝修俱各絲毫不動附於契後今因正用通家商議明白央托中友說合自情願將此房憑中友邀行立契轉典與

涇邑會館名下執業取租當日三面言定本房今照時值得受轉典價九八五制錢二百五十五千文正其錢卽日對衆親手收訖分文不少錢契兩交明白典期八年爲滿原價回贖並無

濫木之說年限不滿不得回贖倘限內上業回贖挨贖不得越贖今典主所用使費照認無辭房內掃什小修典主自備倘動土木大工添置磚瓦木料墊用眼同註明賬目俟回贖日合正價一併兌贖無辭房係父遺原典已產與族親無干成後倘有長幼上業異姓人等爭論以及重複典當契紙不明家務分晰不清一切葛籐等事俱是出主一力承當與今典主毫無干涉此係兩相情願允轉服受並非債準勒逼成交等情今欲有憑立此轉典房文契存照

計附本房原典契一紙又上首典契一紙又上上首印契一紙其三紙付執又照

道光十九年十二月　　日立轉典房契徐逵興

以上羊市橋來東鋪市房典契一紙

出杜白賣契人甯陵人汪臨皐今將自已本年買受涇邑王汪氏土名坐落涇邑馬頭鎮中街坐南朝北西邊市房門面二間披屋二間上樓下坦門户板壁上連椽瓦下連石磉基地出入行路並無存留因缺正用自願憑中出賣與

涇邑星聚堂名下爲業三面言定得受時値價曹平足色紋銀一百四十一兩正其銀契比卽兩交其房屋任從受人執業招租契不輸差限定二三年之內交契內銀回贖除滿年之外任從買人變賣與身無說永不增找並無異言今欲有憑立此杜

白賣契存照

道光二十一年十一月　　日立杜白賣契汪臨臯

以上本籍馬頭鎮市房契一紙

金陵涇邑會館捐輸姓名

茂林都一甲

吳善準公叄拾肆兩　吳善球公貳拾貳兩

吳素菴公貳拾兩　吳興周公貳拾兩

吳西田公拾九兩　吳廷秀拾捌兩

吳天培公拾五兩　吳最公拾柒兩

吳思義典拾叄兩五錢　吳允吉典拾叄兩

吳廷璧公拾兩　吳善政公拾兩

吳廷卜公拾兩　吳惟彫公拾兩

吳豐吉公拾兩　吳鴻圖拾兩

吳敬身公拾兩
吳士齋公拾兩
吳暮雲公拾兩
吳公台公拾兩
吳廷璿公拾兩
吳　濤捌兩
吳集義公柒兩
吳承貯公陸兩
吳念祖公五兩五錢
吳嶺公五兩

吳　淞拾兩
吳宗澤拾兩
吳紹齋拾兩
吳　璿拾兩
吳錦然公拾兩
吳善鐘公捌兩五錢
吳登洲公柒兩
吳牧吉公陸兩
吳奎道公五兩
吳慶祥公五兩

吳虹公五兩　吳永旭公五兩
吳文烶五兩　吳善蕙公五兩
吳翽鳳五兩　吳鴻册公五兩
吳廷志五兩　吳來一公五兩
吳善浩五兩　吳東野公五兩
吳咸吉五兩　吳象三公五兩
吳因篤五兩　吳奕侯公五兩
吳廣生五兩　吳培麟公五兩
吳安和典五兩　吳漢平公五兩
吳允中典五兩　吳樸堂公五兩

吳世賓五兩　吳士型公五兩
吳一來公五兩　吳士勳公五兩
吳百濬五兩　吳寶潤五兩
吳崇林公肆兩　吳怡順典肆兩
吳廷瑞公柒兩
吳聚源典肆兩　吳詒齡公肆兩
吳義慶肆兩　吳純嘏公肆兩
吳廷琇肆兩　吳大振公肆兩
吳允升肆兩　吳廣豐肆兩
吳百烶肆兩　吳彤如公叁兩

吳義慶坊叁兩　吳順蘭公叁兩
吳怡祥坊叁兩　吳啟文公叁兩
吳明試公叁兩　吳善祫叁兩
吳惟峯公叁兩　吳大誠叁兩
吳惟閶公叁兩　吳慶成叁兩
吳廷志公叁兩　吳源茂叁兩
吳義源叁兩　吳誠意叁兩
吳道生叁兩　吳國瑞叁兩
吳畏堂叁兩　吳振大坊叁兩九甲
吳禮和公貳兩　吳鶴慶貳兩

吳百稠公貳兩　吳兆奎貳兩
吳子端公貳兩　吳兆漢貳兩
吳元澤公貳兩　吳積成貳兩
吳士升公貳兩　吳義豐貳兩
吳序成公貳兩　吳恒春貳兩
吳森秀公貳兩　吳百興貳兩
吳元幹公貳兩　吳斯盛貳兩
吳其昌公貳兩　吳源泰貳兩
吳世詁公貳兩　吳薰士公貳兩
吳仲輝貳兩　吳廣新貳兩

吳廷槐貳兩　吳承濃貳兩
吳一俊貳兩　吳堯臣貳兩
吳守福貳兩　吳大業公壹兩五錢
吳廷璜壹兩五錢　吳大振公壹兩五錢
吳廷瑾壹兩五錢　吳德慶壹兩五錢
吳雨川公壹兩　吳　璣壹兩
吳五四壹兩　吳又交壹兩
吳　顔壹兩　吳泰和壹兩
吳志茂壹兩　吳世詡壹兩
吳輝斗壹兩　吳百考壹兩

吳強仕壹兩　吳天一壹兩
吳松林壹兩　吳日長壹兩
吳守正壹兩　吳繼福壹兩
吳鳴璋壹兩　吳承洪壹兩
吳元太壹兩　吳廷愷壹兩
吳　核壹兩

茂林都九甲

吳葉山公拾兩　吳復應拾兩
吳光廷拾兩　吳永浩典五兩
吳惇泰典五兩　吳兆鴻五兩

吳福臯肆兩　吳秋庄公叁兩
吳椿慶公叁兩　吳伯權公叁兩
吳祥起公叁兩　吳雲仙公叁兩
吳敦本堂貳兩　吳致和貳兩
吳昌孫公貳兩　吳廷俊貳兩
吳宅孫公貳兩　吳興盛貳兩
吳良孫公貳兩　吳廷獻貳兩
吳隨慶公貳兩　吳邦本貳兩
吳翰孫貳兩　吳振豐坊貳兩
吳仁泰貳兩　吳井慶公壹兩

吳文錦壹兩　吳五房公壹兩

吳體仁壹兩　吳緝若公壹兩

吳景元壹兩　吳光燈公壹兩

吳光俊壹兩　吳廷翰公壹兩

吳光雍壹兩　吳可憲公壹兩

吳志韓壹兩　吳之宋公壹兩

溪丁都

吳新安公拾兩

永定都

吳邦佳叁兩

吳世發貳兩　吳亦政堂貳兩

青東郡

吳良數公拾兩　吳珀公壹兩

丁溪都

吳天錫貳兩　吳玉全貳兩

豐東都

吳志道公叁兩

泉北都

吳隆潤貳兩

昌板橋

吴連城貳兩　溪頭都一圖四甲

西洪　吴永泰宗祠拾兩

吴夢熊壹兩

雙浪都

王福公宗祠陸拾五兩　王協公貳拾兩

王立樂貳拾兩　王千一拾兩

王景榮拾兩　王範公拾兩

王彭年拾兩　王殿慶公拾兩

王汝邦拾兩　王岐山陸兩

王肇公五兩　王錫沃五兩

王悅鸞公五兩　王汝涵五兩

王永和堂五兩　王松齡五兩

王熙載公五兩　王伯祥五兩

王國馨公五兩　王汝桐五兩

王錦源肆兩　王錫粲肆兩

王紅公叁兩　王元球叁兩

王恒公叁兩　王元盎叁兩

王處仁公叁兩　王萃英堂叁兩

王文炳公貳兩　王潤之貳兩

王寶公貳兩　王錫龍貳兩

王錫鸞貳兩　王汝國貳兩

王錫嶠貳兩　王大興貳兩

王汝再貳兩　王汝伏壹兩五錢

王旭公壹兩　王錫球壹兩

王桂林壹兩　王元亨壹兩

王次慶壹兩　王　幹壹兩

大成都

王千三公宗祠拾兩四圖三甲　王德欽公拾兩

王華封公拾兩一圖十甲　王德音公拾兩四圖三甲

王道沛公拾兩一圖十甲　王儀山公拾兩一圖十甲

王問道公拾兩 一圖八甲
王千一公文會五兩

王汀渚公五兩
王士升公五兩

王直義公五兩 四圖三甲
王正誼堂五兩 一圖十甲

王道開五兩 一圖十甲
王氏文會叁兩 二圖三甲

王卓公叁兩 四圖三甲
王道倖公叁兩 一圖十甲

王寧庠公叁兩 一圖十甲
王爾熾公叁兩

王普濟公叁兩 一圖十甲
王希溥公叁兩

王七政叁兩 一圖十甲
王仲賞公叁兩

王作模叁兩 一圖十甲
王慼德公叁兩 一圖十甲

王尚鋞叁兩 一圖十甲
王韶樂叁兩 四圖三甲

王秋浦公伍兩 收過叁兩　王洪芳叁兩 四圖三甲

王鍜公貳兩 四圖三甲　王玉山貳兩 一圖十甲

王倫公貳兩 四圖三甲　王金若貳兩 一圖十甲

王福公貳兩 四圖三甲　王怡泰貳兩 一圖十甲

王吉祥貳兩 二圖三甲　王延橐貳兩 一圖十甲

王韶伸貳兩 四圖三甲　王軍一貳兩

王同發貳兩 四圖三甲　王同泰寅記貳兩

王君若貳兩 一圖十甲　王長生貳兩 四圖三甲

王澤線壹兩 一圖一甲

茂林都五甲

王居澤公文會肆拾兩　王國猷公貳拾兩
王允淇公陞兩　王金山叁兩
王傳生叁兩　王　應叁兩
王漳榮叁兩　王遠生叁兩
王國儀公貳兩　王秉綬貳兩
王兆麟貳兩　王啟源貳兩
王振川壹兩　王秉登壹兩
王秉賞壹兩　王道智壹兩
王秉仕壹兩

十都

王允元拾兩　王道焯拾兩

王燦廷柒兩　王友公陸兩

王植公五兩　王長發五兩

王鳴皋五兩　王步雲五兩

王同樂叁兩　王道桃叁兩

王文秀叁兩　王　濤叁兩

王道桐貳兩　王吉慶貳兩

王兆如貳兩　王世梓公貳兩

王天壽壹兩

東隅二圖二甲十甲

王勝三公五兩　王英華拾兩
王永芳公五兩　王永曦公五兩
王祖榮叁兩　王啟元叁兩
王雙南叁兩　王曜公叁兩
王洪連貳兩　王洪明貳兩
王春魁貳兩　王瓊華貳兩
王彩庭貳兩　王祖蔭貳兩
王錫信貳兩　王桂祥貳兩
王廷璋貳兩　王連芳貳兩
王憲公壹兩　王璠公壹兩

王洪進壹兩　王林一壹兩

王澤隆壹兩

水南都

王伯通公拾叁兩叁錢叁分　王志清公陸兩陸錢柒分　棹公壹兩叁錢叁分

王義聚肆兩　王繼綿肆兩

王道本公叁兩又捐石字板壹塊

王光寅貳兩　王光明貳兩

王長發貳兩　王必森壹兩

王茂生壹兩

豐東都一圖二甲

王永源公拾兩　王評事公智生公拾兩

王世宗五兩　王德和叁兩

王功昭公貳兩　王大誠貳兩

王承佐貳兩　王廷美貳兩

王眞誠典壹兩五錢　王煥之公壹兩

王繼何壹兩　王子揚壹兩

王日新壹兩

丁溪都九甲

王旨津叁兩　王旨垣叁兩

王禮文叁兩　王景玉叁兩

王恕文貳兩　王遐元貳兩

泉北都二四圖

王玉書拾兩　王繼森貳兩

青東都一圖二甲　十貳都

王道著叁兩　王天碧貳兩

思齊都三甲

王金公貳兩

麻園村一圖八甲

王嘉煥貳兩

曹溪都三甲

王元疆壹兩

不知都圖

王珍寶公五兩　王永升貳兩

王德懷五兩　王永興貳兩

王志本公叁兩　王崇銓叁兩九都五甲

王希江貳兩　王道壹兩五錢

王蟾芳貳兩　王立達壹兩五錢

王叔度貳兩　王生生壹兩

王洪源貳兩　王國瑞公壹兩

王生茂壹兩　王國紀壹兩

張香都

朱武勳公叁伯肆拾兩　朱快公貳拾兩

朱用鏗公壹伯兩　朱敬本堂拾兩

朱慶彩公肆拾兩　朱曉山拾兩

朱寧苞寧蒸公五拾兩　朱一慊拾兩

朱東昇拾陸兩　朱幹公拾兩

朱廷孚公五拾兩　朱怡隆典陸兩

朱敦義堂五兩　朱寧濟五兩

朱文鍍公五兩　朱萬泰五兩

朱朶公五兩　朱瑞田五兩

朱萬孚五兩　朱新盛五兩
朱裕德堂肆兩　朱廣泰叁兩
朱安眉叁兩　朱寧發叁兩
朱靜菴公貳兩　朱家聲貳兩
朱安坐貳兩　朱慶元貳兩
朱遜模貳兩　朱義泰壹兩
朱聯元壹兩　朱安洽壹兩
朱經邦壹兩　朱德堂壹兩
朱慶瑾壹兩　朱慶財壹兩
朱餘慶壹兩　朱啟盛壹兩

朱安居壹兩　朱冬報公壹兩

丁溪都

朱璽貳拾兩

花林都一三九甲

朱季顯公五兩　朱慶壽貳兩

朱武蕚公貳兩

大成都

朱百元貳兩

泉北都

朱步雲叁兩

溪丁都

朱堯文貳兩

不知都圖

朱文龍公貳兩

溪頭都龍坦

胡德四公貳拾兩　胡先旼拾兩

胡煥齡公捌兩　胡承璧陸兩

胡尚穆公五兩　胡昇齡五兩

胡蘭公五兩　胡璐齡五兩

胡尚仁五兩　胡梓齡公肆兩

胡肇英叁兩　胡貢齡叁兩
胡先開叁兩　胡心源叁兩
胡一策叁兩　胡承補公叁兩
胡　疆叁兩　胡恒源叁兩
胡世憲公貳兩　胡岐嶷貳兩
胡廷恩貳兩　胡承岳貳兩
胡波齡貳兩　胡承裕貳兩
胡一熜貳兩　胡承瑜貳兩
胡承歡貳兩　胡雨亭貳兩
胡世有貳兩　胡先賓貳兩

胡永銅貳兩　　胡禹三公壹兩
胡承釵壹兩　　胡其岑公壹兩
胡衢川壹兩　　胡仲本壹兩
胡先健壹兩　　胡惺貞壹兩
胡子監壹兩　　胡當齡壹兩
胡承鎏壹兩

溪丁都

胡胖公五拾兩　　胡興進肆兩
胡大佳公叁拾兩　　胡獻廷公貳兩
胡榮公拾兩　　胡仲九貳兩

胡堯章五兩

溪頭都一甲

胡象宗公貳拾兩　胡長林拾兩

胡聖一公拾兩　胡懋釧公拾兩

胡士咸公五兩　胡士瑟叁兩

胡士孟叁兩　胡萬應貳兩

胡士扁貳兩　胡士可貳兩

胡士田壹兩　胡萬浩壹兩

胡大戰壹兩

溪頭都十甲

胡世禄公宗祠貳拾兩　胡百花家塾拾兩

胡濟公五兩　胡以公五兩

胡維新典五兩　胡必游貳兩

胡永長壹兩　胡問齡壹兩

胡紹泉壹兩　胡必　壹兩

胡隆興壹兩　胡春和壹兩

二甲

胡鳴高貳兩

大成都五甲

胡宗祠拾兩　胡慶星公拾兩

胡廣生公拾兩　胡文昌會五兩

胡漢公五兩　胡燁公五兩

胡宸公叁兩　胡沐公叁兩

胡軼公叁兩　胡轎公叁兩

胡廸公叁兩　胡重公叁兩

胡席珍公叁兩　胡廷俊叁兩

胡春茂叁兩　胡英公貳兩

胡元耆貳兩

曹溪都

胡其淮公拾兩　胡其濟陸兩

胡其安拾兩　胡煥章五兩
胡其二公叁兩　胡其臺叁兩
胡昇安公叁兩　胡其精貳兩
胡其快貳兩　胡仁令貳兩
胡號齡壹兩　胡青齡壹兩
胡龍光壹兩

丁溪都

胡文魁五兩　胡大順叁兩
胡長興叁兩　胡容先貳兩

青東都

胡廷璋肆兩

不知都圖

胡松祚五兩

永定都九甲

徐文政公拾兩　徐福田叁兩

徐春如公叁拾兩　徐必迴叁兩

徐可諗公貳拾兩　徐傳櫓叁兩

徐伍公拾兩　徐傳楕叁兩

徐可炳公拾兩　徐傳兢公叁兩

徐傳琥拾伍兩　徐錦雲叁兩

徐承德堂陸兩　徐文高公貳兩
徐可意公伍兩　徐貞臣貳兩
徐獅泮公伍兩　徐惠中貳兩
徐粱棟伍兩　徐四龍公貳兩
徐必溶公伍兩　徐必德貳兩
徐必鈁伍兩　徐傳棱貳兩
徐星如公伍兩　徐瑚琍貳兩
徐傳點伍兩　徐耀祖貳兩
徐芳涓伍兩　徐剖勝貳兩
徐家公肆兩　徐必珪壹兩

涇邑會館錄

徐傳尊公肆兩　徐芳潛壹兩

永定都四甲

徐永高孝思堂貳拾兩　徐希賢堂文會貳拾兩

徐必慄拾五兩　徐必洲拾貳兩五錢

徐國珍五兩　徐必懷五兩

徐芳源公五兩　徐必偕叁兩

徐士藝叁兩　徐必守貳兩五錢

徐大成貳兩　徐佛公堂貳兩

徐玉明貳兩　徐列山貳兩

徐宗山貳兩　徐傳瑛貳兩

徐兆昌貳兩　徐必棠壹兩

徐　迭壹兩

水南都

徐仁原公拾兩　徐仁十公拾兩

徐良情公拾兩　徐勇公拾兩

徐寧泰拾兩　徐積慶公五兩

徐良祥五兩　徐科聖公五兩

徐榮廷叁兩　徐禮慶公五兩

徐三元貳兩　徐可樂貳兩

徐可桃貳兩　徐可美貳兩

涇邑會館録

徐可益貳兩　徐學琴貳兩

徐嘉豐壹兩

十都二圖六甲

徐紹先公貳拾兩　徐文熙陸兩

徐金榮五兩　徐朝選五兩

徐福先叁兩　徐兆龍貳兩

徐純芳貳兩　徐西賔貳兩

徐德芳貳兩　徐新察壹兩

徐明朗壹兩　徐傳潤壹兩

徐春芳壹兩　徐萬林公壹兩

田中都四圖

徐義順公拾兩　徐必敬公拾兩

徐必應陸兩　徐芳傑貳兩

上連都二圖五甲

徐清一公貳拾兩　徐芳顯貳兩

徐艮材貳兩

花林都一圖七甲

徐斗元拾兩　徐嘉典五兩

徐必倫貳兩　徐必耆貳兩

徐鳴鳳貳兩

長樂都二圖三甲

徐瀛桂拾兩

禮辭都二圖四甲

徐義公五兩　徐聯豐叁兩

未載都甲　永定都九甲

徐德和壹兩　徐必市公貳兩

茂林都

潘日寶公肆拾兩　潘新甫公叁拾兩

潘我生公貳拾兩　潘景范堂貳拾兩

潘延和公貳拾兩　潘亢宗公拾壹兩

潘贋榮公拾壹兩　潘承孝公拾兩

潘院臣拾兩　潘伯源公拾兩

潘芸閣拾兩　潘江若公捌兩

潘任遠公柒兩　潘子安公五兩

潘廷譽五兩　潘淑洪公五兩

潘啟元五兩　潘景濂公五兩

潘秀文五兩　潘泉仲公五兩

潘雲從公五兩　潘巧生公肆兩

潘成龍肆兩　潘七生肆兩

潘應海公叁兩　潘艮秋公叁兩

潘仁山公叁兩　潘成璉公叁兩
潘遠公叁兩　潘夢公叁兩
潘緒文叁兩　潘鼎成公貳兩
潘班侯公貳兩　潘積慶公貳兩
潘鑑生公貳兩　潘砺公貳兩
潘若木公貳兩　潘景瀛貳兩
潘來棟貳兩　潘銘鐘貳兩
潘明衢貳兩　潘國楊公壹兩
潘守純公壹兩　潘有濟公壹兩
潘吉祥公壹兩　潘鏞鎬公壹兩

潘周木公壹兩　潘二公壹兩
潘廷性壹兩　潘愼言壹兩
潘報宗壹兩　潘體生壹兩
潘愼行壹兩　潘大宗壹兩
潘義興壹兩　潘文賢壹兩
潘壹喜壹兩　潘廷源壹兩

雙浪都

潘敬業文會拾兩　潘思忠公五兩
潘志公叁兩　潘皓公叁兩
潘鳳渠公叁兩　潘品公叁兩

潘本立叁兩　潘本德叁兩

潘周紅叁兩　潘鳳山叁兩

潘來華叁兩　潘放公貳兩

潘周虎壹兩五錢　潘遐齡壹兩五錢

潘本漢公壹兩　潘成㬇壹兩

潘本燥公壹兩　潘周會壹兩

十二都

潘天週公五兩　潘天輅五兩

潘宗星公五兩　潘　珍叁兩

潘天定貳兩　潘天安貳兩

潘文順貳兩　　潘德喜貳兩

潘茂登貳兩　　潘宗适貳兩

潘芳林壹兩　　潘萬壽壹兩

末載都甲　　潘天璵五兩

潘考公貳兩十貳都　　潘世廷貳兩

潘祥雲貳兩　　潘茂歡貳兩十貳都

東隅

趙宗祠五拾兩

一圖十甲

趙艮壽拾兩　　趙紹祖貳拾兩

趙桂叁拾兩
趙景行公拾兩
趙燮元拾兩
趙以忠拾肆兩
趙禮慶五兩
趙　楷拾兩
趙曉昇五兩
趙　奉叁兩
趙世琛公叁兩
趙維垣貳兩五錢

趙繩祖肆兩
趙蘭若公拾兩
趙友壎拾肆兩
趙　蘭拾兩
趙期逵五兩
趙良瑄五兩
趙文廣肆兩
趙　杞叁兩
趙曙暉五兩
趙友昇貳兩

趙嘉佑貳兩　趙廷訓貳兩

趙楚江貳兩　趙開基貳兩

趙　校貳兩　趙世珍貳兩

一圖七甲　趙桂燧伍兩十甲

趙廷琇肆拾兩　趙崇節公拾兩

趙應聯貳兩　趙艮符貳兩

趙叔琳公貳兩　趙艮昺公貳兩

趙　臺貳兩　趙友廣貳兩

趙　堂貳兩　趙錫三貳兩

趙鴻章貳兩　趙之璧壹兩

趙渫泉壹兩　　趙　瑁壹兩

趙昌祥壹兩

三圖二甲

趙秋公拾兩　　趙仕達公貳兩

趙科公拾兩　　趙邦華公拾兩

趙艮楮公叁兩　　趙友璜公肆兩

趙友祜公五兩　　趙秀山肆兩

趙仲宏公叁兩　　趙于川叁兩

趙季鑾叁兩　　趙正吾叁兩

趙季培貳兩

二圖四甲

趙叶吉拾兩　趙炳文貳兩

一圖二甲

趙寶山公陸兩　趙艮輝叁兩

趙叅六堂貳兩

一圖三甲

趙漢賢公五兩　趙艮能貳兩

趙友芹貳兩

趙艮誠壹兩

一圖六甲

趙伯誠公五兩

二圖七甲

趙季玳壹兩

不知都圖

里仁都三甲

趙艮光壹兩

趙友登貳兩

宣陽都九甲

汪寧公宗祠叁拾兩

汪鳴盛柒拾兩

汪崇義堂拾兩

汪景河公拾兩

汪瑞公叁兩

汪庭三公叁兩

汪席珍公叁兩

汪峻先叁兩

汪邁人公貳兩　汪夢桂公貳兩
汪國柱公貳兩　汪含章公貳兩
汪文玉公貳兩　汪光亨叁兩

四甲

汪耕心堂拾兩　汪世遷公拾兩
汪大鋼拾兩　汪六吉貳拾五兩
汪大嘉公五兩　汪玉如公貳兩
汪　黑貳兩

洪村都

汪申三公貳拾兩　汪崇秋公拾陸兩

汪浩潮公五兩　汪尚運公五兩
汪應韓公五兩　汪楊公五兩
汪斌十公五兩　汪士慣公叁兩
汪學豪叁兩　汪崇獎貳兩
汪崇守貳兩　汪學登壹兩
汪廷佐壹兩　汪經秋壹兩
汪和興壹兩

曹溪都

汪秉爕拾兩　汪諧公五兩
汪能星五兩　汪敬臣拾兩

汪犀亭玟銀叁兩　汪明夏叁兩
汪明倫叁兩　汪明昊貳兩
汪進原公貳兩　汪春原壹兩
汪引昇壹兩　汪伯賢壹兩
汪體乾公壹兩　汪于逵壹兩

永定都

汪艮貴宗祠拾兩　汪鴻儒拾兩

青東都二圖九甲

汪羅公宗祠拾兩　汪德如貳兩
汪德合貳兩

大成都

汪艮枝公五兩　汪士元叁兩

汪艮貺貳兩

溪丁都

汪廷正貳兩五錢　汪福清貳兩

汪匡五貳兩

東隅

汪夢環拾兩

新豐都

汪大茂叁兩

北亭都

汪朝芙貳兩

丁溪都

汪鳴廷貳兩

張香都

汪義興壹兩　汪德興壹兩

未載都甲

汪義和壹兩

十一都

翟逵川公拾陸兩　翟樹玉公拾叁兩

翟永曜公拾兩　翟守性拾兩

翟本立堂捌兩　翟元裕捌兩

翟守洪陸兩　翟行恕堂陸兩

翟漢一陸兩　翟廷揚公陸兩

翟道士五兩　翟壽三五兩

翟祥保五兩　翟沚聚五兩

翟聚慶五兩　翟道棋五兩

翟守義五兩　翟三學五兩

翟鴻麻緒五兩　恒有聚盛森五兩

翟鰲林肆兩　翟恒和肆兩

翟恒心肆兩　翟大和肆兩
翟元龍肆兩　翟虞門公肆兩
翟愷新公五兩　翟大本肆兩
翟義森叁兩　翟義興叁兩
翟永景叁兩　翟汝文公叁兩
翟聚成叁兩　翟樹義堂叁兩
翟振玉叁兩　翟善浩叁兩
翟時普叁兩　翟爲霖叁兩
翟憬來叁兩　翟義利叁兩
翟思豪叁兩　翟壽山叁兩

翟爲霖貳兩　翟思鎰公貳兩

翟永椒貳兩　翟永林貳兩

翟福興貳兩　翟安書貳兩

翟永許貳兩　翟思福貳兩

翟翼南貳兩　翟道南貳兩

翟恒發貳兩　翟恒川貳兩

翟聖榮貳兩　翟恒茂貳兩

翟恒慶貳兩　翟道生貳兩

翟隆興貳兩　翟兆晟貳兩

翟思枚公貳兩　翟同裕貳兩

翟其昌貳兩　翟與同貳兩
翟鳳龍叁兩　翟井泉貳兩
翟恒順貳兩　翟啟太貳兩
翟恒茂貳兩　翟泰昌貳兩
翟巨源貳兩　翟聚豐貳兩
翟天元貳兩　翟振義貳兩
翟敬亭公貳兩　翟禮緣公貳兩
翟初生貳兩　翟文臣公貳兩
翟守儀貳兩　翟清泰公貳兩
翟永煊貳兩　翟天悦貳兩

翟元愷公貳兩　翟守康貳兩
翟子訓公貳兩　翟一璋貳兩
翟子敬公貳兩　翟成治貳兩
翟垂裕貳兩　翟成賓貳兩
翟體仁貳兩　翟允大貳兩
翟念意叁兩　翟鳳起公貳兩五錢
翟義泰壹兩五錢　翟揚波壹兩貳錢五分
翟肇亘壹兩貳錢五分　翟秀彬壹兩貳錢五分
翟肇項壹兩貳錢五分　翟恒保壹兩
翟一型壹兩　翟仁裕壹兩

翟義成壹兩　翟守昇壹兩

翟占鰲壹兩　翟士熙壹兩

翟一榜壹兩　翟繼輝壹兩

翟兆魁壹兩　翟守淡壹兩

翟大川壹兩　翟振元壹兩

翟成治壹兩　翟兆龍壹兩

翟六先壹兩　翟恒興壹兩

翟志遠壹兩　翟仲傑壹兩

翟陽春壹兩　翟義成壹兩

翟恒春壹兩　翟吉成壹兩

翟敬一壹兩　翟元吉壹兩

翟義合壹兩　翟高壽壹兩

九都

查謙字號貳拾兩　查集成公拾五兩

查濟陽家塾拾兩　查裕遐公拾兩

查邑周公拾兩　查崇泮公拾兩

查炳南公拾兩　查爾熾拾兩

查榮源拾兩　查守道公陸兩

查文源公五兩　查思森五兩

查崇烽五兩　查承志五兩

查敏廣五兩　查品士公五兩

查用晦五兩　查高年五兩

查德泒五兩　查誠意公肆兩

查萬隆肆兩　查天儀公肆兩

查德泰肆兩　查雙喜肆兩

查之英肆兩　查思渭公叁兩

查文舟叁兩　查忠恕公叁兩

查大呂叁兩　查菊水園叁兩

查光美叁兩　查萬有叁兩

查萬豐叁兩　查廷美叁兩

查錦揚叁兩　查繼邴叁兩
查崇連叁兩　查光漢叁兩
查思錠叁兩　查萬順叁兩
查思敏叁兩　查世琄公貳兩
查景玉貳兩　查漢文貳兩
查廣興貳兩　查上珍貳兩
查德孝貳兩　查泰豐貳兩
查星華貳兩　查大興貳兩
查世珍貳兩　查天生貳兩
查輔文貳兩　查謙亨貳兩

查德添貳兩
查萬順貳兩

查德完貳兩
查啟泰貳兩

查龍喜貳兩
查光邦貳兩

查崇榮貳兩
查怡新貳兩

查子隆貳兩
查德爐貳兩

查謙元貳兩
查光表貳兩

查昇茂貳兩
查崇城貳兩

查崇淮貳兩
查兆令貳兩

查德聚貳兩
查義豐貳兩

查崇加貳兩
查思植貳兩

查崇院貳兩　查王永貳兩

查森公貳兩　查義隆壹兩

查崇賺壹兩　查廣順壹兩

查德權壹兩　查保和壹兩

查思槐壹兩　查崇璽壹兩

查天喜壹兩　查永元坊壹兩

查崇琦壹兩　查允慶壹兩

查拱喜壹兩　查廣和壹兩

查思柞壹兩　查思堪公壹兩

查崇堅壹兩　查崇寵壹兩

查崇賽壹兩　查廣生壹兩

查思洲壹兩　查裕泰壹兩

查崇柱壹兩　查啟泰壹兩

查世掌壹兩　查三和壹兩大通

查君玉壹兩　查思義壹兩

查德興壹兩　查三和壹兩青陽

查禹九壹兩　查世階壹兩

查乾豐壹兩　查祖元壹兩

查德局壹兩

上連都七甲

陳子舉公叁拾兩　陳叔綱公拾兩

陳叔獻公陸兩　陳叔純公伍兩

陳常山公伍兩　陳竹谿公肆兩

陳紹公拾兩　陳正言公叁兩

陳希樊公叁兩　陳希轆公貳兩

陳光振公伍兩　陳光擴公伍兩

陳玉豐公伍兩　陳作仁公伍兩

陳淮南公叁兩　陳禹州公叁兩

陳子猷公肆兩　陳顯湧叁兩

陳國祥拾兩　陳文團公肆兩

陳文燾公叁兩　陳際雲公叁兩
陳士魁公叁兩　陳文御伍兩
陳廷列公貳兩　陳秀林公伍兩
陳文福貳兩　陳文炳伍兩
陳文教貳兩　陳文袟貳兩
陳德祿公叁兩　陳德懋公壹兩
陳景良公拾兩　陳洪範叁兩
陳德濟伍兩　陳德耿公貳兩
陳德份柒兩　陳德校公貳兩
陳德昭貳兩　陳作均貳兩

陳德顗拾兩　陳廷碧貳兩

陳德潛貳兩　陳遂生貳兩

陳日新壹兩　陳翰年捌兩

陳繼聚肆兩　陳繼序貳兩

陳鳴玉貳兩　陳德萬壹兩

六甲

陳德意壹兩　陳樂懷貳兩

八甲

陳顯登貳拾兩　陳文興伍兩

十甲

陳明恬貳兩　陳明悌貳兩

大成都

陳明松公拾叁兩　陳明梧公拾兩

陳萬艮公伍兩　陳德雲伍兩

禮辭都一圖四甲

陳六千公拾兩

豐東都二圖

陳勝宗公叁兩

茂林都

章瑞齋公貳拾兩　章晃和公拾兩

章美齋公拾兩　章光斗拾兩
章作舟拾兩　章繼晃拾兩
章必領公捌兩　章光裕捌兩
章景昭公捌兩　章安生公陸兩
章綬青陸兩　章永秀公陸兩
章步雲公陸兩　章世仁公陸兩
章元領伍兩　章雲巢公伍兩
章守濤伍兩　章元結伍兩
章　紳伍兩　章繼法肆兩
章運璣肆兩　章廷柱肆兩

章億祥肆兩　章琨祥公肆兩
章通泰叁兩　章成瑛叁兩
章三益叁兩　章中孚叁兩
章廣茂叁兩　章信記叁兩
章公益叁兩　章盈裕叁兩
章咸吉叁兩　章聯豐叁兩
章鶴皋叁兩　章萬有叁兩
章廣泰貳兩　章一校貳兩
章廣盛貳兩　章保林貳兩
章廣大貳兩　章式之貳兩

章天朋公貳兩　章義然貳兩
章致誠堂貳兩　章隆公貳兩
章恒興貳兩　章世衡公貳兩
章同泰貳兩　章雲路貳兩
章廣生貳兩　章誠一堂貳兩
章廷理公貳兩　章廷佐公貳兩
章玉聲貳兩　章純亦貳兩
章廷重公貳兩　章　鈞貳兩
章炳文貳兩　章承海貳兩
章淇竹貳兩　章鍾琡貳兩

章必鑌公貳兩　章守文貳兩
章翔鳳公貳兩　章和興貳兩
章旭亭貳兩　章同茂壹兩
章公裕壹兩　章　慥壹兩
章豐裕壹兩　章榮曾壹兩
章秋春壹兩　章介長壹兩
章都祥壹兩　章永清壹兩
章自金壹兩　章同德壹兩
章繼琛壹兩　章富春壹兩
章景垣壹兩　章致和堂壹兩

永定都

章必達叁兩

田中都

董萬昇公貳拾兩 董正治貳拾兩

董世巖公拾兩 董九裔公拾兩

董惟先公拾兩 董萬艮公拾兩

董文智公拾兩 董有府公拾兩

董崇庸陸兩 董應艮公陸兩

董世魁公五兩 董德宏公五兩

董德箴公五兩 董梨菴公五兩

董廣聚肆兩　董永金肆兩
董德輝公叁兩　董廷佐公叁兩
董德璉叁兩　董同寶叁兩
董光祖叁兩　董一寶公貳兩
董明生公貳兩　董和興貳兩
董　沛貳兩　董永祥貳兩
董次豫貳兩　董同春貳兩
董艮絳貳兩　董玉書貳兩
董文佩貳兩　董天堦貳兩
董永年貳兩　董舜賢貳兩

董永富壹兩　董永蹌壹兩

董若虞壹兩　董義新壹兩

董義發壹兩　董德延壹兩

董德雲壹兩　董夔臣壹兩

董宗賢壹兩　董永琪壹兩

董一蘭公壹兩　董一巧壹兩

董一瓔壹兩　董一琳壹兩

董孟暑壹兩　董一恩壹兩

北隅

董世泰公拾兩　董廷秀壹兩

浙南都

董慶晃壹兩　董國銅壹兩

仕水南都

董大道貳兩　董義泰壹兩

宣陽都十甲

衛孟和公拾兩　衛德棟叁兩

衛永清叁拾兩　衛用和叁兩

衛德聖公貳拾兩　衛萬和叁兩

衛大佩公拾兩　衛德禮公貳兩

衛譜蘭公拾兩　衛柏峯貳兩

衛崐宗公拾兩　衛賢花貳兩

衛鎮川公拾兩　衛文英貳兩

衛善高公拾兩　衛善錕貳兩

衛貞石拾兩　衛善樂貳兩

衛道岱伍兩　衛縉抻貳兩

衛日生伍兩　衛金山壹兩

衛善殿伍兩　衛懋光壹兩

衛誦元公肆兩　衛善銓壹兩

衛善淑公肆兩　衛文選公叁兩

南隅

鄭宗祠叁拾兩　鄭吉慶公拾兩
鄭翰臣公拾兩　鄭夢桂拾兩
鄭應紳拾兩　鄭攀桂陸兩
鄭良臣公肆兩　鄭元基肆兩
鄭尚定叁兩　鄭　濱叁兩
鄭　泮貳兩　鄭芝田壹兩

新豐都

鄭叙倫堂貳拾兩　鄭文蘭公拾兩
鄭明瑗公拾兩　鄭天杰拾兩
鄭敬業堂陸兩　鄭瑞徵堂肆兩

鄭名讓肆兩　鄭季公貳兩

鄭　幹貳兩　鄭啟科壹兩

東隅

鄭伯彩伍兩　鄭名會壹兩

十一都

包敦本堂肆拾兩　包居易堂貳拾兩

包孝義堂拾兩　包肇祀公拾兩

包鍾岳公伍兩　包永思堂伍兩

包珊源公伍兩　包秉忠公伍兩

包友仁會伍兩　包尚友會伍兩

包用章伍兩　包有璋伍兩

包國垓華美伍兩　包繼志公肆兩

包一銀公肆兩　包匡臣肆兩

包道符叁兩　包義五公貳兩五錢

包國晨公貳兩　包艮佐貳兩

包戊申貳兩　包康寧貳兩

包艮倡貳兩　包聯盛貳兩

包有典貳兩　包有古壹兩

包天衢壹兩　包艮桂壹兩

思齊都二甲

鳳靈川貳拾兩　鳳調元公拾兩

鳳應選公伍兩　鳳圖南伍兩

鳳尚堦公肆兩　鳳幹鳴公肆兩

鳳周公肆兩　鳳藻公叁兩

鳳朴公叁兩　鳳　痡叁兩

鳳尚雍公貳兩　鳳會公貳兩

鳳文魁公貳兩　鳳家福公貳兩

鳳尚盈公貳兩　鳳蕃公貳兩

鳳翥公貳兩　鳳珖公貳兩

鳳復茂貳兩　鳳德茂貳兩

鳳大有壹兩伍　鳳義興壹兩
鳳源源壹兩　鳳義和壹兩
鳳義泰壹兩　鳳大有壹兩
鳳義順壹兩　鳳超然壹兩

十甲

鳳日新公拾兩　鳳維藩公肆兩
鳳世偉公叁兩　鳳文煥公貳兩
鳳興貿貳兩　鳳長生壹兩
鳳鴻公壹兩　鳳尚堯公壹兩
鳳姚勝伍兩 思齊都　鳳瑞豐叁兩 西山

未載都甲

鳳善廷拾兩

大成都

曹仁閬貳拾伍兩　曹天一拾伍兩

曹正魁拾伍兩　曹文松公拾兩

曹永俐公拾兩　曹添榮公陸兩

曹義德堂伍兩　曹維仲伍兩

曹聖田伍兩　曹仁重伍兩

曹健記伍兩　曹義成伍兩

曹世泉公叁兩　曹應神公貳兩

曹永仲公貳兩　曹善全貳兩
曹正猛貳兩

岸前都

曹關一公叁兩

南隅

張丙一公肆兩　張雲公貳拾兩
張漢衢公陸兩　張景泰伍兩
張學古堂肆兩　張懷仁堂肆兩
張廷佐肆兩　張鳳鳴公叁兩
張慕燕公叁兩　張丙惟叁兩

張鍾清貳兩

長樂都

張洪二公貳拾兩　張志列拾兩

張君鐸叁兩　張源泉貳兩

張春泉貳兩　張兩喜貳兩

張志和貳兩　張志萬貳兩

張志龍貳兩　張繼爵公壹兩

張聖符壹兩

九都

張江臣公貳兩　張泮臣貳兩

張子林壹兩

張香都

張仕殿貳兩　張仕栢壹兩

張應彦壹兩

丁溪都

張兆華貳兩

水南都

張銀保壹兩

未載都甲

張振和貳兩　張義泰壹兩

張協興壹兩

東南隅

馬碧梧公拾兩　馬貽穀堂貳拾兩

馬敬康公拾伍兩東隅　馬榮巨公拾兩東隅

馬艮玫公肆兩　馬台臣公貳兩

馬安榮公貳兩　馬百玉貳兩

馬宗開貳兩　馬代畑貳兩

馬同發貳兩　馬安高壹兩

大成都五圖四甲

馬梓益公貳拾兩　馬希公拾兩

馬清明公伍兩　馬安櫳公叁兩
馬禮公叁兩　馬閏公貳兩
馬昌公貳兩　馬之德貳兩
岸前都二圖九甲
楊宗祠拾兩　楊廷元公伍拾九兩
楊立廷伍兩
大成都四圖九甲
楊廷顯拾兩
永定都二圖十甲
楊懋功陸兩　楊國幹伍兩

雙浪都四圖七甲

楊　元壹兩

未載圖甲

楊廷級貳兩　楊時霖貳兩

新豐都

洪大勲公拾兩　洪序公拾兩

洪堯章公拾兩　洪重吉公拾兩

洪民安貳兩　洪惟家貳兩

洪天添貳兩　洪惟喜貳兩

茂林都

洪士杰公捌兩　洪采臣貳兩

張香都

洪彥一貳兩

新豐都七甲

洪吉各叁拾兩

本載都甲

洪信義貳兩　洪豫立貳兩

洪長生壹兩　洪啟源壹兩

十二都

李靜專拾兩　李元南叁兩

李光耀貳兩　李　普貳兩

李合惠公貳兩　李長林貳兩

李　瓆貳兩　李世汥貳兩

李元裙貳兩　李台元貳兩

李合光貳兩　李開元貳兩

李元輅貳兩　李太亳貳兩

永定都十甲

李春輝叁拾兩　李道監壹兩

李守魁壹兩伍甲　李世盛公拾兩上連都

豐東都

李永清貳兩

岸前都

李文元貳兩

北亭都

李大學公叁兩　李大榮叁兩

宣陽都七甲

周元用公拾兩　周仁回公叁拾兩

周達賢拾兩　周創賢伍兩

周汝焯伍兩　周信和叁兩

周振臣貳兩

大成都二圖一甲

周永公拾兩

十二都

周燕山壹兩

十都

舒天泮公拾兩　舒善佛拾兩

舒元臣捌兩　舒善和公伍兩

舒信和公伍兩　舒秦生伍兩

舒良仙公叁兩　舒成志叁兩

舒平志叁兩　舒永和公貳兩

舒廣源貳兩　舒怡發貳兩
舒禄源公壹兩伍錢　舒添志壹兩
舒養志壹兩　舒永壽壹兩
舒義成壹兩　舒竟成壹兩

岸前都二圖六甲

施永康公拾兩　施周生公陸兩
施小保公叁兩　施文政公叁兩
施賽公叁兩　施寄生公貳兩
施禎祥貳兩

溪丁都二圖九甲

施永盛公伍兩　施其臧貳兩

施遜言壹兩　施勳臣壹兩

溪上都

施秋公伍兩　施文盛叁兩

施文魁叁兩

青東都

施馬孫公肆兩　施蘭孫公叁兩

施加恢叁兩

東隅

左彥武公拾兩　左干城公拾兩

左　暻伍兩　　左士傑伍兩
左華亭叁兩　　左效先叁兩
左明若叁兩　　左芝山叁兩
左聖林叁兩　　左輝公貳兩
左永祚公貳兩　　左懋典貳兩
左振聲貳兩　　左右源貳兩

花林都二圖八甲

佘榮六公拾伍兩　　佘廷愷公拾貳兩
佘益保公拾貳兩　　佘世珂伍兩
佘明澧肆兩　　佘炮生貳兩

佘永泰貳兩　佘正興貳兩

岸前都三甲

許艮正公拾兩　許澋源拾兩

許開泰叁兩　許秉祥貳兩

許正源貳兩　許沛然壹兩

丁溪都七甲

許壽生拾兩　許玉彩伍兩

許彩廷貳兩

茂林都二甲

許天鰲肆兩　許天鐸貳兩

大成都

許國鋅貳兩

田中都上連都

蕭月昌公伍兩

蕭綽齡公伍兩

蕭士寬公叁兩

蕭安仁公叁兩

蕭聖和公貳兩

蕭貢夫公貳兩

蕭雲卿貳兩

涇邑會館録

岸前都二圖三甲

許林桂伍兩 趙請手揭去收票銀未交館交方啟亭未到今請賠銀伍兩

蕭青雲公伍兩

蕭舒生伍兩

蕭友祥公叁兩

蕭士容公伍兩

蕭茯蘭公貳兩

蕭尚拭貳兩

蕭錫祚貳兩

蕭　㽵貳兩　　　　蕭允發壹兩伍錢
蕭保和壹兩　　　　蕭殿華壹兩

岸前都一圖十甲

方虎延公拾兩
方永昌伍兩　　　　方力臣伍兩
方啟祥伍兩　　　　方永秀貳兩

北亭都三甲

方德謙公拾兩

雙浪都

方愛祥公叁兩　　　方福寧公叁兩

思齊都六甲

唐勝祖公拾兩　唐廷鑑拾兩

唐大本貳兩　唐一九壹兩

北亭都一甲

唐懋章公拾兩　唐明託公肆兩

唐文楚叁兩　唐國釷壹兩

大成都一圖七甲

唐士廣公伍兩

東隅

唐季球貳兩

北隅二甲

唐宗海貳兩

霞山鄉

唐義和貳兩

十二都

文孟淵公拾兩　文世楝公伍兩

文永豐伍兩　文伯堅公叁兩

文富象叁兩　文彭公貳兩

文思孝公貳兩　文祖源公貳兩

文廷棕貳兩　文天美公壹兩

文祖洪公壹兩　文儀鳳公壹兩

永定都

文宗祠拾兩

雙浪都四圖二甲

童雲衢文會拾兩　童仁義公拾兩

童艮宗公伍兩　唐盛宗公伍兩

童瑞徵公叁兩　童日春貳兩

童應楨壹兩　童應木貳兩

童謙公壹兩　童葵公貳兩

童國珍貳兩　童器公貳兩

童瑜公貳兩

水南都

梅天慶公拾伍兩　梅瑤章伍兩

梅達公肆兩　梅明春貳兩

十一都

梅永魁公拾兩

茂林都

梅廷資公壹兩　梅尚綸壹兩

未載都甲

梅廣生貳兩　梅怡豐貳兩

梅源泰貳兩

北隅四甲

沈大列公伍兩　沈子和公伍兩

沈久灴伍兩　沈覲光叁兩

沈褋光貳兩　沈士振公壹兩

沈曲平壹兩　沈涵一壹兩

宣陽都貳甲

沈　梁公柒兩　沈清可貳兩

沈忠执公伍兩

岸前都二甲

沈占魁壹兩

未載都甲

沈琮公貳兩　沈相章貳兩

禮辭都

程貴五公拾兩　程偉章拾兩

程芳跳壹兩　程景文壹兩

程文質公拾兩

南隅四甲

程尚提肆兩　程士賢伍兩

十一都

萬伯良公拾兩　萬孝思堂陸兩
萬之敘公伍兩　萬惟涵公伍兩
萬仁孝堂伍兩　萬漢廷貳兩
萬惟漸公貳兩　萬宗曾公貳兩
萬宗趣壹兩　萬永成壹兩

洪村都七甲

倪宗祠貳拾兩

思齊都一甲

倪軒和公拾兩　倪三泰叁兩
倪善爵貳兩

涇邑會館録

水南都十六甲

呂艮玉伍兩　呂百達伍兩

呂　蒙貳兩　呂有貴貳兩

永定都一三甲

呂　炳伍兩　呂一美公貳兩

呂源隆貳兩　呂志煥公貳兩

呂中恕貳兩　呂德培公壹兩

呂可鑿壹兩　呂祚班壹兩

呂文緒公貳兩　呂祚珀壹兩

未載都甲

呂騖執壹兩

太平都

江惠祖公拾兩　江承祖叁兩

江承琢貳兩

禮辭都二圖二甲

江必靚公拾兩

未載都甲

江茂林壹兩

新豐都二甲

后國泰公拾兩　后艮熙貳兩

后賢林貳兩

張香都二甲

后思誠堂拾兩

未載都甲

后嵩山壹兩　　后萬豐壹兩

太平都四甲

葉廷玉公拾兩　　葉必興伍兩

葉咸亨貳兩伍錢　　葉于岸公壹兩

葉汝豪公壹兩

溪頭都二圖七甲

葉萬源貳兩

未載都甲

葉祚財貳兩

豐東都三圖五甲

黃大春公伍兩　黃達德公伍兩

黃樹德堂叁兩　黃文彬公貳兩

黃金殿公貳兩　黃志成堂貳兩

黃源林貳兩　黃達元壹兩

黃　潤壹兩

浙南都

管晟禮公拾兩　管文惠公拾兩

管文高貳兩　管文集貳兩

管諤庭壹兩　管友鮑壹兩

管冰淵壹兩　管鳳翔壹兩

管餘中壹兩　管彩雲壹兩

溪丁都一圖八甲

郭扶霄公柒兩　郭商賢公伍兩

郭枝一叁兩　郭彩公貳兩

溪丁都九甲

劉棟興拾兩　劉長公肆兩

劉蛟順貳兩

田中都

湯永保公拾兩　湯惟慶壹兩

上連都

湯少保公伍兩

永定都

芮國珍公肆兩　芮禹成貳兩

芮昌齡貳兩　芮八喜貳兩

芮子德貳兩　芮子明貳兩

十都

高春公伍兩　高炳文叁兩

高國狀貳兩

北隅五甲

俞鳴玉公伍兩　俞榮森貳兩

大成都二甲

俞菱公叁兩

張香都

賀日學叁兩　賀明炳叁兩

賀魁賢壹兩　賀聖班壹兩

田中都四甲

卜世賢公柒兩柒錢

岸前都九甲

謝志公伍兩　謝誠忠貳兩

丁溪都

宋其遠叁兩　宋廣鳴貳兩

丁溪都

安雲祥伍兩

懷恩都九甲

阮向高叁兩　阮大忠貳兩

浙南都

門文建壹兩　門文華壹兩

門文來壹兩　門文祥壹兩

水南都八甲

姜宗祠叁兩　姜合壹兩

長樂都

丁廷秀貳兩　丁義興壹兩

北隅

宗宗祠貳兩

青東都

陶雲公貳兩

溪丁都

華芹士貳兩

漢陽鎮

怡隆貳拾兩　協成貳拾兩

恒豐貳拾兩　裕豐貳拾兩

怡大貳拾兩　德源貳拾兩

恒盛貳拾兩　履祥貳拾兩

宏昌貳拾兩　隆盛貳拾兩

德全貳拾兩　德和貳拾兩

允升貳拾兩　東泰貳拾兩

衆線店貳伯兩　衆包頭店壹伯兩

德豐貳拾肆兩　廣大貳拾叁兩

德全貳拾貳兩　旭升拾肆兩

大有拾肆兩　合興拾叁兩叁錢叁分

世豐拾貳兩　天茂拾貳兩

肇大拾貳兩　三益拾貳兩

謙益拾貳兩　大興拾壹兩

信義拾壹兩　春源拾壹兩

徵美拾兩　敦義拾兩

肇有拾兩　萬茂拾兩

大豐捌兩九錢　　春生捌兩

裕泰捌兩　　道生捌兩

信元陸兩柒錢　　義豐陸兩柒錢

恒隆陸兩柒錢　　太茂陸兩柒錢

福隆陸兩柒錢　　長春伍兩伍錢

洪泰伍兩　　德成伍兩

新盛肆兩肆錢　　乾大叁兩柒錢

允大叁兩

各鎮公會捐輸

契雲堂捌拾兩沚鎮　　三星公會伍拾兩青陽

仁義堂肆拾兩霍山　永全會叁拾兩金陵干張

集義堂拾兩蕪家埠　紙行棧

各鎮店號

連城合記叁兩　恒裕叁兩

時茂叁兩　泰興叁兩

巽艮叁兩　日茂叁兩

協成叁兩　謙六叁兩

萬和叁兩　惇義叁兩

時丰貳兩　義興協記貳兩

寧益貳兩　世和貳兩

振興貳兩　啟泰貳兩
源盛貳兩　誠和貳兩
悅和貳兩　中孚貳兩
和泰貳兩　奎元貳兩
通裕貳兩　永元貳兩
萬成貳兩　元吉貳兩
廣茂貳兩　質義貳兩
同茂貳兩　萬盛貳兩
萬豐貳兩　鼎元壹兩伍錢
義和壹兩　時泰壹兩

義昌壹兩　長發壹兩

三益壹兩　咸吉壹兩

大道壹兩　致聚壹兩

恒和壹兩　仁和壹兩

裕成壹兩　文聚壹兩

源泰壹兩　誠發壹兩

允源壹兩　正立壹兩

謙亨壹兩

十九年西河加捐名目

吳壽豐典肆兩　吳豫和典肆兩

吳和豐典肆兩　章聯豐坊肆兩
吳道生坊肆兩　王啟源坊肆兩
吳恒豐坊叁兩　潘怡怡坊叁兩
吳慶成坊叁兩　徐悠成坊叁兩
吳誠意坊叁兩　張聚和坊叁兩
潘松盛坊叁兩　元泰坊貳兩
吳正泰坊貳兩　世和坊貳兩
章純亦坊貳兩　張元豐坊貳兩
吳自成坊貳兩　吳恒春坊貳兩
鳳瑞豐坊貳兩　永元行貳兩

鳳廣成貳兩　鳳廣茂貳兩

吴豐成貳兩　吴源茂貳兩

查敬泰貳兩　張順和貳兩

張春泉貳兩　吴數吉貳兩

吴正裕貳兩　吴中孚貳兩

吴道盛貳兩　章源隆貳兩

趙志先壹兩　董襄齡壹兩

吴致中壹兩　吴裕泰壹兩

義全店壹兩　振大坊壹兩

張協興壹兩　謙吉店壹兩

吳裕成壹兩　萬永成壹兩
潘志和壹兩　鳳源源壹兩
成吉店壹兩　文聚店壹兩
吳積成壹兩　徐萬豐壹兩
丁義興壹兩　董光裕壹兩
鳳義泰壹兩　潘際會壹兩
聚成行壹兩　萬泰店壹兩
潘永昌壹兩　吳志茂壹兩
章同發壹兩　孚吉店壹兩
鳳義興壹兩　通裕坊壹兩

章義隆壹兩　　章永聚壹兩
章謙義壹兩　　甯泰坊壹兩
恒和店壹兩

捴共捐泚平色九七銀壹伯貳拾兩正存西河鎮吳和豐
典吳豫和典吳壽豐典吳輪年挨領每足月壹分起息閏月
俱筭外付對摺壹個見摺支息

章錦堂
經手吳燕山
潘俊惠

二十四年己卯科補捐

新豐都

洪志㦤公銀拾兩

長樂都一圖一甲

丁文秀公銀拾兩

折南都四甲

程萬里公銀叁兩　程濾公貳兩

茂林都

章儀鳳　銀貳兩

漢陽鎮衆線店捐輸名目

洪太和　胡源裕　朱永泰　洪正大

義和店　洪致和　洪長發　春和店

泰昌店　謙興店　朱世茂　朱大興

允祥店　信義店　胡嘉瑞　朱德茂

朱新茂　洪悦來　朱義成　洪荆茂

兩儀店　洪太茂　洪永隆　洪至大

朱裕昌　朱春陽　廣益店　朱福泰

世泰店　朱日茂　洪福茂　洪大源

朱東茂　同茂店　洪源發　洪元茂

朱公茂　朱洪茂　汪永和　益茂店

胡恒豐　胡長興　朱人和　鄭怡泰

允茂店　德盛店　朱義泰　裕隆店

朱中和　吳信泰　恒元店　朱景福

洪太來　胡恒興　洪天生

漢陽鎮衆包頭店捐輸名目

天長店　胡源昌　恒泰店　恒順店
鄭賢源　胡立生　胡謙吉　胡源泰
三泰店　后協成　洪義盛　胡泰順
廣聚店　唐義發　唐恒茂　大生店
唐松茂　胡全順　唐茂順　義順店
大有店　德興店　胡正茂　唐太茂
恒源店　怡泰店　合興店　洪恒新
朱大昌　洪昌店　胡全裕　胡太興
胡源順　胡大源　義茂店　洪方至

趙榮興　鼎泰店　恒德店　祥發店

恒吉店　胡景豐　德隆店　洪義大

洪恒益　胡隆盛　洪謙泰　胡恒昌

胡立興

敬惜字紙會名目列左

朱武勳公大錢捌千文
馬調臣大錢貳仟文
查玉衡大錢叁仟文
吳允中公元銀壹兩零八分
張雲公大錢伍仟文
程燿堃大錢壹仟文
吳聯珠大錢壹仟文
王圖泰大錢壹仟文
衛永清大錢壹仟文
徐英華大錢壹仟文
徐傳楕大錢壹仟文
徐太元大錢壹仟文
趙秀山大錢壹仟文
汪韶成大錢壹仟文
李龍生大錢壹仟文
曹正環大錢壹仟文
胡福壽大錢壹仟文
陳松公大錢壹仟文

陳梧公大錢壹仟文　翟潄芳大錢柒伯文
包家治大錢柒伯文　陳文炳大錢柒伯文
吴澄大錢柒伯文　洪　鑑大錢柒伯文
李景山大錢伍伯文　鄭尚煥大錢伍伯文
吴元助大錢伍伯文　章緒元大錢伍伯文
章藍田大錢伍伯文　章雲柱大錢伍伯文
章文鍾大錢伍伯文　吴承鴻大錢伍伯文
王道彩大錢伍伯文　徐可美大錢伍伯文
吕德祿大錢伍伯文　方文軒大錢伍伯文
査德大大錢伍伯文　章纘文大錢伍伯文

董雅寶大錢伍伯文　方一際大錢伍伯文
章忠信堂大錢伍伯文　汪添喜大錢伍伯文
董秀三大錢伍伯文　吳文炳大錢伍伯文
董義聚大錢伍伯文　楊懋卿大錢伍伯文
翟壽三大錢伍伯文　王冀三大錢伍伯文
王義順大錢伍伯文　徐志謙大錢伍伯文
王必泰大錢伍伯文　董天貴大錢伍伯文
王廣記大錢伍伯文　汪小書大錢伍伯文
曹萬齡大錢伍伯文　萬宗炎大錢伍伯文
王際追大錢伍伯文　王欽壽大錢伍伯文

潘效元大錢伍伯文　章洪發大錢伍伯文

查廷美大錢伍伯文　俞露沾大錢伍伯文

趙季廳大錢伍伯文　王玉書大錢伍伯文

沈行元大錢伍伯文　吳輝德大錢伍伯文

趙季鑾大錢伍伯文　趙于川大錢伍伯文

吳復應大錢伍伯文　徐仲福大錢伍伯文

陳謹之大錢伍伯文　翟快心大錢伍伯文

吳肇芳大錢伍伯文　吳德四大錢伍伯文

吳世華大錢伍伯文　吳洪間大錢伍伯文

章均文大錢伍伯文　管表瑶大錢伍伯文

吴淳夫大錢伍伯文　吴承清大錢伍伯文
吴貴問大錢伍伯文　王章大錢伍伯文
陳世泰大錢伍伯文　施廷桂大錢伍伯文
吴世俊大錢伍伯文　查士勳大錢伍伯文
查斗文大錢伍伯文　查家相大錢伍伯文
查大經大錢伍伯文　吴文珠大錢伍伯文
吴承寶大錢伍伯文　陳守謙大錢伍伯文
陳世禄大錢伍伯文　胡長林大錢伍伯文
王雲生 王拔萃 共捐大錢柒伯文　章煒南大錢壹仟文
趙繩祖大錢柒伯文　趙以忠大錢壹仟文

趙桂大錢柒伯文
趙駿大錢柒伯文
趙清濛大錢柒伯文
曹天一公大錢壹千文
趙佾岩公大錢柒百文
汪崇義堂大錢壹千肆百文
趙際雲大錢壹千文
朱俊三大錢壹千文
胡瑟公大錢壹千文
朱藍田公大錢柒百文

趙書紳大錢柒伯文
趙永壽大錢柒伯文
趙同璋大錢柒伯文
胡必豪大錢壹千文
鄭　鵬大錢壹千文
胡釧公大錢壹千文
朱　炤大錢壹千文
胡大宸大錢壹千文
潘學元大錢柒百文
朱　寧大錢柒百文

趙廉臣大錢柒百文
鳳　麟大錢柒百文
趙文英大錢柒百文
陳維翰大錢伍百文
徐必惇大錢伍百文
徐步蟾大錢伍百文
鄭　泮大錢叁百伍拾文
王樹堂大錢叁百伍拾文
胡吉士大錢柒百文
張廷佐大錢貳仟文

鳳　銓大錢柒百文
鳳大暢大錢柒百文
陳廷樞大錢伍百文
陳廷陛大錢伍百文
徐廷標大錢伍百文
洪有杰大錢叁百伍拾文
程　鵬大錢叁百伍拾文
胡鳳嶶大錢柒百文
曹仁朗大錢壹仟文
胡甘臣大錢柒百文

曹三元大錢伍百文　曹仁紹大錢伍百文

曹鼎臣大錢伍百文　章　璐大錢伍百文

王寶仁大錢壹仟文　衛惇五大錢柒百文

先揭收票銀未收到其票亦未繳間刊名查對

唐華瓚叁兩　胡聲仲貳兩

胡承捺叁兩　朱大生貳兩　三名荻港捐

胡承域叁兩　潘聖源未填銀數

王茂恒壹兩　吳怡昌典叁兩

大通鎮捐

章田荊壹兩　翟中和壹兩　三名三山鎮捐

王雙蛟貳兩　翟協太壹兩

王元顯貳兩　王鄰侯公叁兩

五名金陵捐

王元敦貳兩　王文源公叁兩

王成龍貳兩　王寬和公叁兩

黄維四貳兩　　王元生公叁兩

起初赴各鄉鎮捐銀有會館未塡姓氏空收票存在各鄉鎮

經手後有繳回者亦有未繳回者作廢票無用

館内所捐之項支用有底簿存查除支約存元銀捌百兩有

零

各行祀

神勝會列左

永勝會　絲線客　茶葉店

永盛會

永全會　千張紙客

永昌會　雨傘店

永福會　名目　曹天一　徐春如　陳交鳴

徐寧泰　衛永清　朱爲邦

徐英華　陳謹之　曹維盛

曹義成　衛旺新　衛縉紳

徐中和　徐永和　王玉書

曹艮月

金陵涇縣會館續增全錄序

我

涇會館之建於金陵也原館録載鄉先生趙肖巖公之序曰吾涇去金陵不遠遊其地者或服賈或分發以待銓雖一廛數室未能廓乎有容而征驂甫脫之時暫得息肩其中而後徐覓居停焉亦良便也又曰建會館於兩江省垣吾涇人之貿易其地者首建是議非自爲計實爲秋闈應試者設也又引曾子戒毀傷叔孫昭子葺墻屋之事而諄諄致警曰願後之假寓於此者以前賢爲法而小心謹愼以居之和每讀斯序未嘗不嘆前人好義之殷而先生之慮深且遠也今自咸豐癸丑省垣兵燹十

二年矣會館之頹朽穢汚有不堪言者同治甲子恢復後賴先至有人極力保全且幸同鄉好義如前慨助急修葺歲丁卯爰請翟君柳堂專司其事而捐輸者廣屋宇之整理者煥然以新鄉試應用之器具什物亦遂完備無缺肖巖公有言曰創始艱圖成尤不易誠哉其不易乎茲際館録重刊翟君囑序於余謹述始末願告後之應試南闈與夫或服賈或分發以待銓者其毋忘鄉先生小心謹慎之訓庶幾於前人建館之意無負也夫是爲序

同治七年　月　日邑人陳守和謹譔

館外市房

新橋市房兩間

笣街會館本埠市房一所三進計三間并埠頭走巷一道

水西門市房門面兩號兩進共房五間

珠寶廊市房四間

跑馬巷市房兩間

羊市橋市房兩間

羊市橋市房兩間

涇邑馬頭鎮市房兩間

江甯鎮石壩陳虞村田肆拾貳畝與虞姓合業各貳拾壹畝

特授江南江甯府正堂加十級紀錄十次涂　爲出示嚴禁事

准

記名道朱　候補府正堂洪朱　候補知州吳等赴府詞稱江甯南門内百花巷建有涇縣會館每逢大比闔邑士子應試棲止試後有願在館肄業者任其居寓向章凡攜眷來省及醫卜星相詞訟並各工匠及無業人等俱不准在館住寓旋因兵燹館規廢弛弊端不可枚舉闔邑紳士義難坐視已向各處捐輸修葺屋宇置辦傢伙什物重立規約第涇邑人衆恐有恃頑不遵將來屋宇毁壞傢伙遺失有悮試事請示禁前來合亟出示嚴禁爲此示仰涇縣紳民人等知悉自示之

後凡有擕眷來省以及醫卜星相詞訟併各工匠及無業人等不准在館住寓倘有不遵許會館執事之人指名稟究决不寛貸其各凜遵毋違特示

同治六年八月　　日示

今將會館舊規公議酌量增減開列於後

一議會館專爲鄉試居寓而設遇有科場年分非應試之人理應先期移寓出館其出租之房屋統行先期停租收回以重試事凡平時初來寓館者應由在館首事問明方准居住至外縣親友一概不准借寓

一議邑人攜有家眷者無論仕商無論久暫館内均不准住並不准租住恐因索租計較轉傷梓誼其醫卜星相與夫各項工匠及無業人等並過客無行李無人認識者均不准住至事涉詞訟在館首事人等不得取保館内亦不准寄寓

一議館内除正屋外均准租與外邑人居寓藉租資以爲翻蓋

修理之需每逢科場限七月前搬讓

一議本邑來此候補候差人員及商賈人等除初來暫寓外應賃公館鋪面居寓不得在館長住商賈帶有貨物發賣者不准起堆館內

一議館內西廳後第二進廳屋及廳後樓屋供奉　神位廳門應行關鎖除科場年分臨時酌議變通外其平時因公來省者准由在館首事酌察許其就廳傍房屋暫住不准久住仍囑住者加意嚴潔爲要前進東西兩大廳係公事聚會之處一概不准租住

一議近科人文日盛館內房屋雖多居住者不及四分之一事

屬不均咎及首事仍宜遵照向章視房屋之大小編列字號酌定租錢其房錢限三日內交清卽將此項分送卷費倘入不敷出由館內公費補足庶闔邑分潤爭怨兩泯

一議本邑新進士過金陵者館送花紅洋蚨肆元翰林捌元鼎甲拾貳元

一議館中公請正直勤慎首事住館經理以重責成其薪水每月洋錢六元於公項下開支復佐以在城開張鋪面資本充裕結實公正之家輪流協理不支薪水其賬目由住館首事專司出入所存銀錢應歸協理鋪戶存領隨時支取互相察核住館首事不得無故支取以杜弊竇協理之鋪戶存領公

項銀錢至三十整數以上應照時利酌減起息以免物議其在城零星小舖手藝八家不得干預至住館首事或有更替之處應集衆妥商公舉不得狥情擅請貽誤館事

一議館內銀錢不准私借私用如有此情一面勒令經手歸還仍須酌罰示儆倘有短少公稟究追

一議館內門差使費由首事照章支用登賬每屆歲正面衆結算倘大修房屋置辦產業等事須公同會議毋得私自擅專其有應行增改規條之處由首事於鄉試時邀集各姓尊長會議以昭公允

一議館內什物器具無論巨細逐件登簿不准私借出門以免

遺失在館取用由首事督飭長班隨時檢點不用即行點清封鎖每逢鄉試先期督飭長班打掃房屋鋪設停當悉準定數不准額外多取致啟爭端

一議住館首事准帶家眷居住館内倉屋一所看守長班亦准帶家眷居住門房三間科場不須搬讓仍不准多住房屋以示限制

一議館内樓屋不准炊爨前後門戶每夜二鼓下鎖以防盜竊其賭博酗酒不法等事嚴行禁止不遵者公逐出館或有抱病住館醫治者准住館内旁屋

同治七年　月　日金陵涇縣會館星聚堂

涇邑會館録

欽命江南江甯等處承宣布政使司布政使李　爲
出示曉諭事據涇縣會館長班潘陞稟稱竊館主前署湖
南督糧道朱邕侯等籍隸安徽甯國府涇縣緣有闔邑會
館坐落治下南門土名百花巷地方歷有年所曩爲鄉試
闔邑士子寓居而設自經兵燹幸獲存留館主朱邕侯等
集衆捐資重加整葺並置辦什物存館備用公請首事本
邑附貢生翟承烈長年住館經理規模粗具丁卯鄉科應
試者漸稱安便惟館規若不劃一將來無所遵守日久或
致廢弛館主朱邕侯等爰集同鄉酌仿舊規議定章程期
昭畫一而垂永久除由館主朱邕侯等將規條繕錄押存

會館遵守外誠恐邑人衆多賢愚不等或蔑視館規逞私自便致經理協理之人孤掌難鳴理喻不應勢必一人破例人人效尤館規既壞卽房屋器具漸就頹敗而不可支嗣屆大比之年闔邑士人必致失所爲此抄粘規條瀝陳情形遣懇鑒核賞准存案示飭永遵如有逞私蔑規之徒准住館經理首事據情指名稟叩懲儆以重館規而庇士類等情到司據此除將稟呈規條存案外合行給示曉諭爲此示仰涇縣會館司事人等知悉該館專爲涇邑鄉試士子而設凡住館之人務宜恪遵條約如有違犯許司事指名赴地方官衙門稟究其各凜遵特示

同治七年九月初十日示

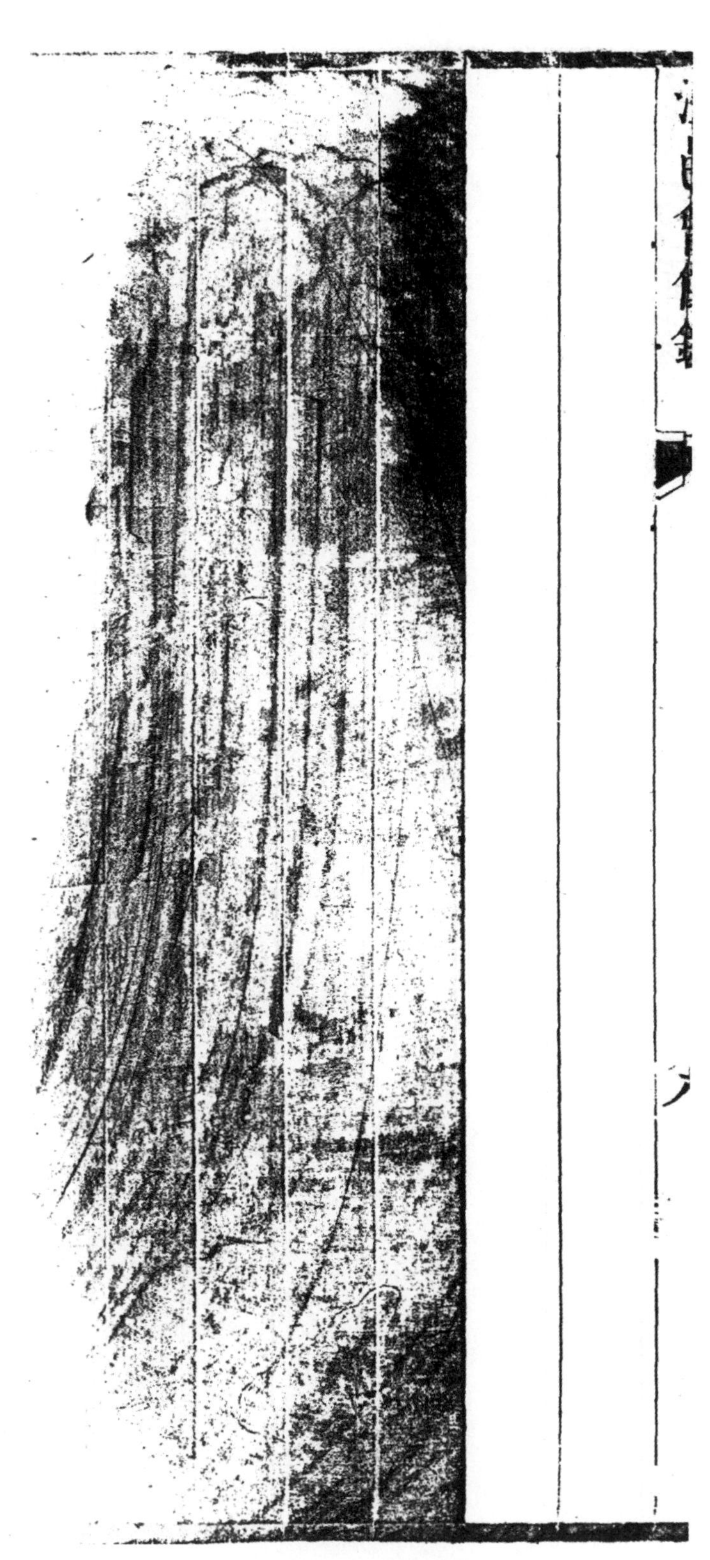

特授江南江甯府正堂加十級紀録十次涂　爲

出示曉諭事據涇縣會館長班潘陞赴府稟稱館主

前署湖南督糧道朱　等籍隸安徽甯國府涇縣緣有闔邑

會館坐落金陵省城南門内百花巷地方歷有年所曩爲闔

邑鄉試士子寓居而設自經兵燹幸獲存留經館主朱　等

集衆捐貲重加整葺並置辦什物存館備用公請首事本邑

附貢生翟承烈長年住館經理規模粗具丁卯科應試者漸

稱安便惟館規若不晝一將來無所遵守日久或致廢弛復

集同鄉酌仿舊規議定章程期昭晝一而垂永久除由館主

繕録規條存於會館遵守外誠恐闔邑人衆賢愚不等蔑視

館規逞私自便致經理協理之人孤掌難鳴理喻不應勢必一人破例人人效尤館規既壞卽房屋器具漸就頽敗而不可支嗣屆大比之年闔邑士人必致失所稟呈規條叩賞存案示飭丞遵等情到府據此除批示外合特出示曉諭爲此示仰涇縣闔邑諸色人等知悉自示之後務各遵照規條辦理倘有逞私蔑視之徒滋事不法情事卽由該館首事指名稟府以憑提案究辦決不寬貸其各凜遵毋違特示

同治七年九月　　十一　　日示

善後總局給發涇邑會館房產各項執照

善字第柒千陸百柒拾玖號買汪其秋等一業

同治四年五月二十日給

善字第陸千叁拾柒號買劉永年一業

同治四年五月十二日給

善字第陸千叁拾捌號買尹朱氏一業

同治四年五月十二日給

善字第陸千叁拾玖號買馬如琴一業

同治四年五月十二日給

善字第陸千肆拾號買陳耀亭一業

同治四年五月十二日給

善字第陸千肆拾壹號買朱周氏一業

同治四年五月十二日給

善字第陸千肆拾貳號買尹涵章一業

同治四年五月十二日給

善字第陸千肆拾叁號永勝會買葉潮源助會館一業

同治四年五月十二日給

善字第陸千肆拾肆號永勝會買周永年福助會館一業

同治四年五月十二日給

善字第陸千肆拾伍號換秦元禧基地一業

同治四年五月十二日給

善字第陸千肆拾陸號買蔣載同一業

同治四年五月十二日給

善字第陸千叁拾陸號買王炳一業

同治四年五月十二日給

善字第柒千陸百柒拾捌號買王文寶一業

同治四年五月十二日給 以上拾叁紙係西南保甲局給發

善字第叁千陸百捌拾捌號買朱錫川一業

同治四年五月初七日給

善字第肆千肆百伍拾號買彭王二姓一業

同治四年五月初七日給

善字第玖百叁拾捌號買梁璞山鑑堂石城等一業

同治四年五月初七日給

善字第陸千肆百陸拾玖號買徐遠興一業

同治四年五月初七日給　以上四紙係西北保甲局給發

以上執照共拾柒紙俱係江甯府鈐印

善字第壹千捌百陸拾柒號涇縣會館首事翟承烈徐占魁呈明金陵城内新橋北首東街朝北房屋兩進貳間一業

同治七年五月二十九日　善後總局給發

立杜絶賣房屋字據人姚錦章張清華情因江甯克復城池後張清華周福星孫方來胡松亭合夥在水西門內西南第十七甲地方起蓋向北門面三間又後進兩間查係　涇縣會館基地酌起地租嗣後項與姚錦章張清華執業茲憑中說合照時估值賣與地主

涇縣會館執業當得受時值價洋蚨玖拾伍元與姚錦章張清華親手收受並無準折在房間數裝修另單交受歸

涇縣會館永遠執業倘有轇轕不清及出項別情俱出筆人一力承當四姓前有合同四紙未繳以後查出作廢紙無用今欲有憑立此杜絶賣據永遠存照

同治五年二月　　日立杜絶賣據姚錦章張清華

同治七年十月馬頭鎮市房涇縣立案批

據稟已悉查核該會館內置買馬頭鎮市房抄契與館録所刊相符准予立案執業

公議寓考屋租進館三日交付

星聚堂大府字號四鋪四鋪共大錢叁千貳百文叁千貳百文

星聚堂對廳琮璜字號三鋪三鋪共大錢貳千肆百文貳千肆百文

梯青齋宇宙字號五鋪五鋪共大錢陸千文陸千文廂房二鋪二鋪壹千陸百文壹千陸百文

西廳洪豐字號四鋪四鋪共大錢叁千貳百文叁千貳百文

對廳日月盈字號三鋪三鋪三鋪共大錢貳千肆百文貳千肆百文貳千肆百文

關聖龕兩邊房昃辰字號五鋪五鋪共大錢伍千文伍千文

留餘書屋宿字號六鋪共大錢陸千文

文昌樓下兩邊房列張字號五鋪五鋪共大錢伍千文伍千文

文昌樓兩邊寒字號八鋪共大錢陸千肆百文

安吳別社來字號二鋪共大錢貳千貳百文

拳石山房暑字號四鋪共大錢肆千貳百文

拳石山房樓屋往字號三鋪共大錢壹千捌百文

閒話家山秋收字號三鋪三鋪共大錢叁千文叁千文

閒話家山樓房冬藏閏字號三鋪三鋪三鋪共大錢貳千肆百文貳千肆百文貳千肆百文

枕經葄史餘成字號三鋪三鋪共大錢叁千文叁千文

枕經葄史樓房歲律呂字號三鋪三鋪三鋪共大錢貳千肆百文貳千肆百文貳千肆百文

聽雨樓下房間調堂心陽字號四鋪二鋪共大錢肆千文壹千陸百文

聽雨樓頭雲騰字號三鋪四鋪共大錢貳千貳百文叁千貳百文

容膝居致雨字號二鋪二鋪共大錢壹千捌百文壹千捌百文

容膝居結露字號二鋪一鋪押大錢壹千捌百文壹千文

秋聲館爲字號陸鋪押大錢肆千貳百文

東後門內平房霜金生字號三鋪三鋪二鋪押大錢貳千肆百文貳千肆百文壹千陸百文

汲古齋東屋麗水玉字號二鋪一鋪二鋪押大錢貳千文捌百文貳千文

汲古齋西屋出崑岡字號三鋪二鋪三鋪押大錢貳千肆百文壹千陸百文貳千肆百文

漱藝齋劍號巨字號三鋪三鋪三鋪押大錢貳千肆百文壹千捌百文貳千肆百文

一榻居闕字號二鋪押大錢貳千文

涇川別墅內東廳珠稱字號三鋪三鋪押大錢叁千叁百文叁千叁百文

東廳樓房夜字號八鋪押大錢陸千肆百文

東廳房光果珍字號四鋪四鋪三鋪押大錢肆千文肆千文叁千文

東廳前面横舍李字號四鋪共大錢肆千文

東廳對房柰菜重字號一一一鋪鋪鋪共大錢壹壹壹千千千文文文

補不足齋芥薑字號四四鋪鋪共大錢伍伍千千文文

補不足齋海鹹字號三三鋪鋪共大錢叁叁千千文文

補不足齋樓房河淡字號二二鋪鋪共大錢壹壹千千貳貳百百文文

同治三年捐輸

梅薰園捐錢貳仟文

吳理臣捐錢壹仟貳伯柒拾貳文內吳雲山錢壹仟文

又捐錢貳伯貳拾貳文

又捐洋錢貳元內查德貢錢壹仟文

泰豐錢店捐錢壹仟文

唐義和捐錢壹仟文

吳硯如捐錢拾仟文

朱九思堂捐紋銀叁兩正

翟友懷捐錢壹仟文

董京奠捐洋錢壹元　又捐錢伍伯文正
陳守和　陳聚星　陳承恩　陳　琛
董應槐　朱鍾秀　朱　鑫　朱　彜
陳席珍　朱承烈　朱　楨　朱寶林
朱宗敕　吴報甲　吴宗韶　吴志芬
吴愼旃　吴報勲　胡夢詰　朱監先
朱炳奎　唐耿先　包銘謙　胡繩其
胡錦標　胡仁軒　胡静軒　胡蘭泉
查志清　查新之　查承恩　查之屏
查廷珍　查何清　查秉謙　吴選棠

吳逢盛　吳克艮　吳之鐙　吳鍾秀
朱鴻翰　趙元榜　朱香泉　朱耀曾
后自芳　朱　灝　朱　濤　朱宗澤
查治長　胡書田　胡掌珍　胡振聲
翟燕侯　章秀俊　翟英元　李文林
潘翊鵬　潘　琛　潘　光　吳　瀚
吳　鶱　吳韞玉　吳景鑾　吳蘊書
吳嗣龍　王元燮　王藻江　王韶程
吳夢元　吳承鍔　查德培　王承波
吳毓材　吳淞源　王　鼐　翟祖騐

查煥修　李含春　翟瑞　吴毓蔗

吴觀寶　吴樹棣　吴樹晼

以上各捐錢伍伯文

同治四年捐輸

朱子典捐曹紋銀柒拾兩正

洪椿祥捐湘紋銀貳兩正

包興寶捐洋蚨拾元

潘春舫捐洋蚨壹元

吳愼旃捐洋蚨壹元

洪蓬三捐洋蚨貳元

張守誠捐洋蚨貳拾元

查吉人捐洋蚨拾元

吳拙菴捐錢壹仟文

涇邑會館録

董纘廷捐洋蚨貳拾元

同治六年翟柳堂經手捐輸

金陵首事　吴禮堂　鄭景周　徐餘堂

鄭尙昷公紋銀拾肆兩　徐太元紋銀拾兩

洪紀堂公紋銀拾兩　朱贊廷紋銀貳兩

朱滙川紋銀貳兩

徐德元洋蚨拾元　王春元洋蚨伍元

衛正泰洋蚨肆元　陳梅村洋蚨肆元

鄭源焆　翟益泰

許永順　陳德謨公

陳奎五　汪道生中保里

以上各捐洋蚨叁元

查珆光　　吳鴻恩

胡永省公溪頭都一圖十甲　　胡楚山

潘萬泰　　趙僑卿

王景源　　陳雲從

李月軒　　胡漢波

以上各捐洋蚨貳元

沈　富　　趙春廷

陳世起　　吳禮堂

吳佐廷

以上各捐洋蚨壹元

蕪湖首事　王賨廷　翟渭川　翟堯堂　翟擇堂

吴培之　潘政卿

潘貽穀堂洋蚨貳拾元　潘葆樸堂洋蚨貳拾元

葉承志堂洋蚨拾元太平都四甲

潘竹君堂　潘述餘堂

潘德隅堂　吴益茂茂林都二圖一甲

吴理臣茂林都二圖九甲　翟宗衡十一都一圖四甲

潘膺榮公　鳳調元公思齊都二甲

以上各捐洋蚨伍元

吳元吉店茂林都二圖一甲　翟善珍十一都一圖四甲

源泰和　翟吉祥十一都一圖十甲

蕪邑竹篷

以上各捐洋蚨肆元

吳平三茂林都二圖一甲　程兢業堂禮辭都一圖七甲

翟益和錢店　陳元堃上連都

以上各捐洋蚨叁元

吳克三茂林都二圖一甲　吳榮堂茂林都二圖一甲

謙泰錢店　吳鎰泰店茂林都二圖一甲

賀中和迎春殿一都一甲　翟汝芳十一都一圖

翟齊宗十一都一圖一甲　查怡美

王質廷茂林都五甲　趙允發東隅都一圖十甲

翟恒吉號　洪魯贍

朱立齋公　同春福

以上各捐洋蚨貳元

翟恒慶十一都一圖　董良培田中都三圖五甲

振泰烟店　鳳密賢思齊都二甲

大道坊　翟俊三十一都一圖四甲

朱義泰張香都一圖七甲　翟儒宗十一都一圖十甲

翟浩祥公十一都一圖十甲　鄭恒泰

翟富朋 十一都一圖十甲　翟本茂 十一都一圖四甲

王春帆 茂林都五甲　信泰烟店

董天廷 田中都三圖六甲　吳廣信 泉北都一三圖五甲

張學庶 長樂都二圖七甲　吳承濤 茂林都二圖一甲

以上各捐洋蚨壹元

灣沚鎮首事　吳禮泉　倪錫臣　朱愼安　汪鶴山

王植庭　翟聚堂　后朝宗　翟錫臣

潘恒發洋蚨肆元　吳永泰宗祠洋蚨肆元

吳文魁公 茂林都二圖一甲　吳文彥公 茂林都二圖一甲

義美布店　鄭季公 新豐都十三甲

以上各捐洋蚨叁元

后士鍔公新豐都二甲　鳳必鍾公思齊都二甲

潘嘉興　唐芳洲思齊都六甲

翟曉峯十一都一圖四甲　洪盛行

隆裕行　湯學文

萬益泰　查期頤九都

查大豐九都一甲　倪錫臣三秦公思齊都一圖

王植庭茂林都五甲

以上各捐洋蚨貳元

吴醴泉茂林都二圖一甲　汪鶴山

德豐店　瑞昌店
連豐　李蘭公豐東都六甲
李飛松十二都三甲　潘文翰茂林都
恒昌柴行　恒益竹篷
衛淦林宣陽都　鄭峥山
吳世淮茂林都　吳衍慶溪頭都四甲
大順行　吳順公溪頭都四甲
翟本周十一都一圖十甲　潘英殿茂林都十甲
潘太炳浙南都　翟安福
翟錫臣　翟先春

翟美會十一都四甲　翟長青十一都十甲中分

翟永旺公　翟繩武

翟心滿公　董承瑜田中都

以上各捐洋蚨壹元

西河鎮首事　鳳漢章　王庶蕃　吴乾堂　吴安亭

潘春浦　張源遠　章守先

鳳惇裕堂洋蚨肆元

章廷魁　吴允隆

潘義成　吴道德

翟怡發

以上各捐洋蚨叁元

徐長泰　洪泰坊

張仁和　呂壽亭

章秉培　榮泰

源慶　鳳聚源

翟楨菴　孚吉

史同裕　元茂

湯集魁田東都三圖四甲

以上各捐洋蚨貳元

馬駿昌大成都五圖四甲　章怡新

振泰　章愷新

吴廣大　趙正明

王南山
有成

以上各捐洋蚨壹元

清弋江首事　翟定侯　吴栗庭　查新元　章愛廷

胡仁義堂溪頭都二圖十甲捐洋蚨陸元

章敬勝堂茂林都三圖一甲捐洋蚨肆元

九錫堂洋蚨叁元

鄭心一堂南隅　鳳經一堂思齊都二甲

吴公台公茂林都二圖一甲　吴德安堂茂林都二圖一甲

以上各捐洋蚨貳元

鳳義成思齊都二甲　吴敦裕堂茂林都九甲

義生店　王鴻儒茂林都三圖五甲

黄　淦豐東都四甲　趙同愷東隅四甲

義聚　鳳有庚思齊都二甲

翟鼎太十一都一圖十甲　吴金盤茂林都二圖一甲

吴廷瑺公茂林都二圖一甲　潘承科公茂林都一圖一甲

翟定侯十一都一圖四甲　洪錫慶茂林都二圖五甲

以上各捐洋蚨壹元

馬頭鎮首事　汪虔之　吴濟川　潘植菴　吴敦五

吴慎公 青東都二圖五甲 捐洋蚨肆元

吴良數公 青東都二圖五甲 捐洋蚨貳元

胡胖公 溪丁都一二圖 捐洋蚨貳元

吴相公 青東都二圖五甲　吴大佳公 溪丁都一二圖

汪國柱公 宣陽都九甲　胡鶴輝 溪丁都一二圖

吴之兆 茂林都一甲　吴映霞 茂林都一甲

吴耀庭 茂林都一甲　吴同書公 茂林都一甲

衛曉公 宣陽都七甲　龔超公 茂林都一甲

吴應芝公 茂林都九甲　詹蓋喜 永定都二圖八甲

義隆號　同仁堂

義成行　義泰號

啟泰號　信泰號

張同記　怡泰號

道生號　謙吉號

廣泰號　致和號

趙春園東隅一甲

以上各捐洋蚨壹元

大通鎮　查子達　文玉亭　王鳳池

首事

和悅洲　章敬夫　吴達夫　李餘三

查延齡九都　查廣大藥店

以上各捐洋蚨拾貳元

查廣和藥店捐洋蚨陸元　小嶺曹姓捐洋蚨伍元

謙泰錢店　查福庭

以上各捐洋蚨肆元

吳福初茂林都　查大順

和會店

以上各捐洋蚨叁元

賀榮貴一都　徐仁賢十都

吳汝鏞茂林都　查必達公九都

翟本錫十一都一圖四甲　文玉亭十二都一圖

王秀廷茂林都　查崇炳公九都
吳靜齋茂林都　協成行
查鼎豐九都　鳳義茂
吳宗俊茂林都　六吉行
王永和公豐東都一圖八甲　義泰和
王星橋公豐東都一圖八甲　王渭濱十一都九甲
以上各捐洋蚨貳元
翟泮生十一都一圖十甲　章菊花茂林都
沈大茂岸前都　包錦榮十一都
章耀文茂林都　王應會十都

興義店　　章五鳳堂 茂林都

吳佐周 茂林都　　胡德恒

徐紹武 永定都　　王子籌 十都

王倬如 十都　　章崇義 茂林都

查子達 九都　　吳悅和店 茂林都

王嘉泰 茂林都　　董信泰 田中都六甲

查啟順　　福茂店

章文高　　陳來順 上連都

陳應偉 上連都

以上各捐洋蚨壹元

翟忠孝堂捐洋蚨拾肆元　胡永省公捐洋貳元

朱吉祥誠鹽號捐紋銀壹百兩　汪義興寶應縣線舖捐洋壹元

朱日升恒鹽號捐紋銀柒拾兩　同興號寶應縣線舖捐洋壹元

朱心源公捐紋銀拾兩　復泰號淮安線舖捐錢壹千文

倪向臣捐紋銀拾兩　鳳恒聚淮安線舖捐錢壹千文

胡達公青東都捐洋伍元　吳新順淮安線舖捐錢壹千文

呂戴山捐洋貳元

同治捌年金陵本邑各店續捐

本城傘行洋蚨貳拾元　本城竹行洋蚨拾元

徐德昌洋蚨伍元　徐太元記洋蚨叁元

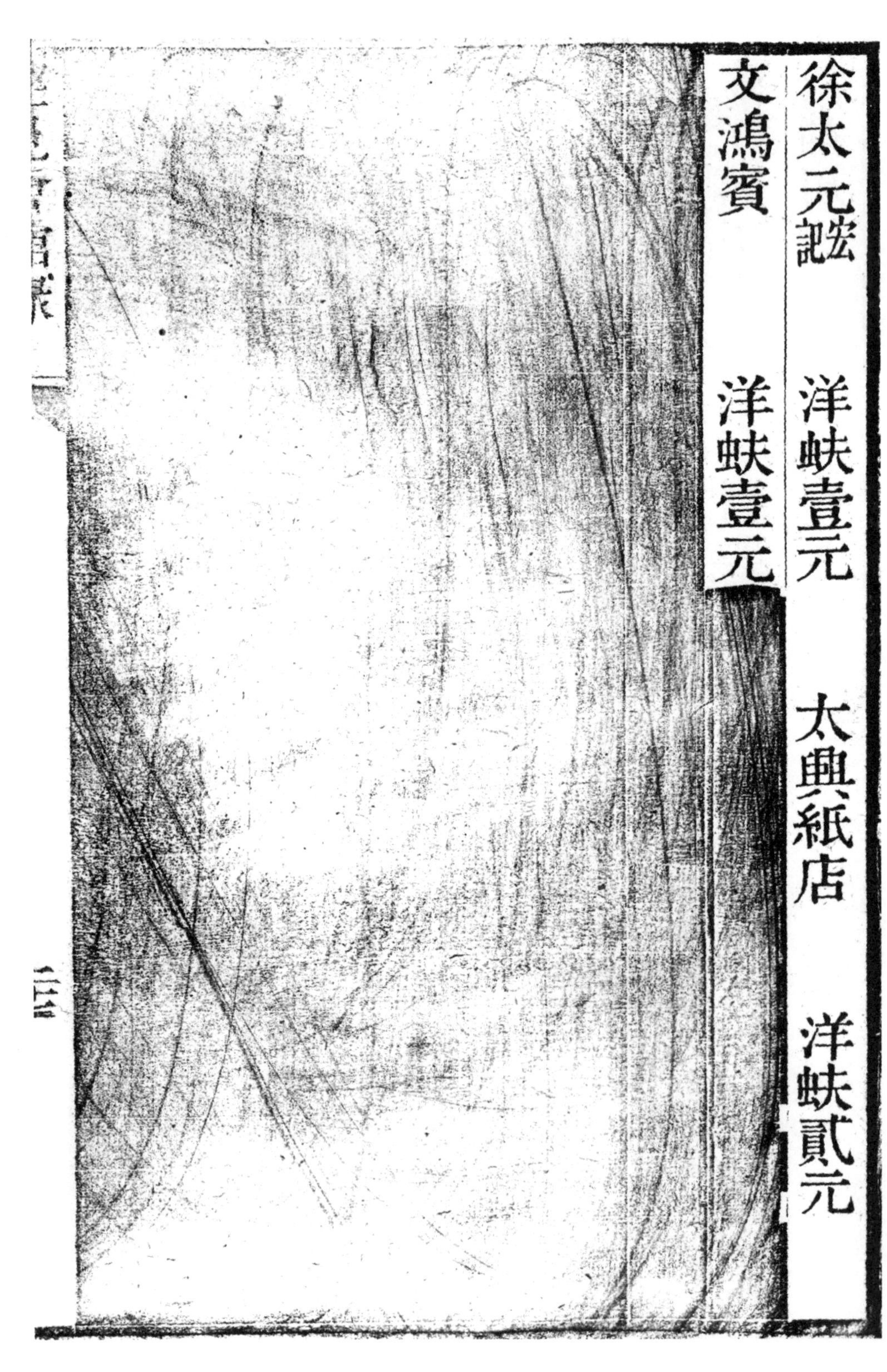
徐太元誌 洋蚨壹元
文鴻賓 洋蚨壹元
太興紙店 洋蚨貳元

清江浦王椰亭處存捐票貳拾紙捐款數目未定俟後交到再行補刋

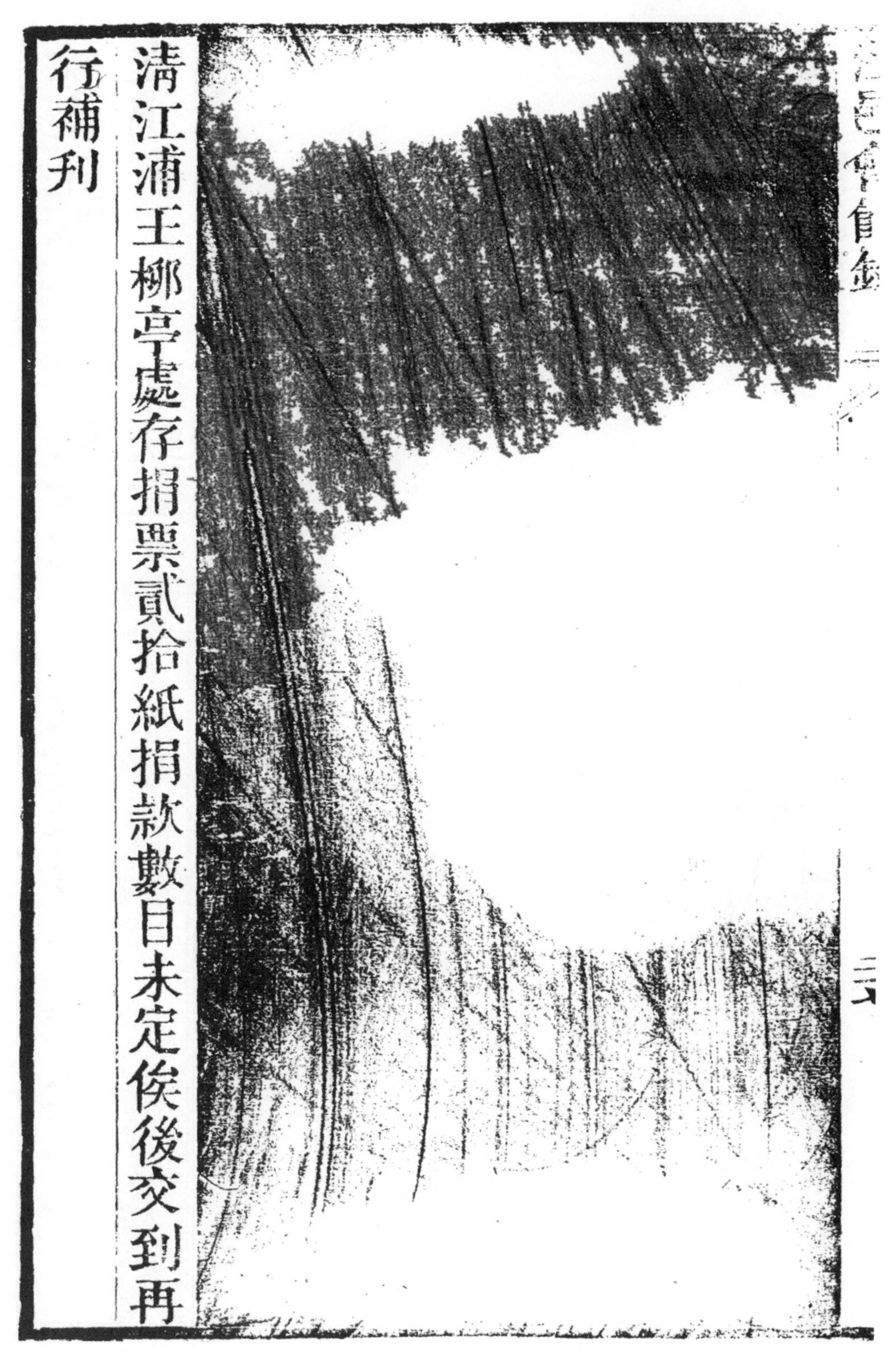

百花試館課約

軍興來學業久廢蒙
中堂興復書院厚給膏火各
大憲每月考校加給優獎培植之意深矣然月試兩課暇日尚多我等爰集同人月訂私約暫設百花試館會課並蒙同鄉好
義君子捐助銀兩相爲獎勸我同人盍宜砥礪期於日新以無負
上憲及諸同鄉之盛意云茲將公議規條附列於左

一每月兩課以初八二十三爲期一文一詩限次日收卷

一現在人數不多暫議第一名給筆資錢叁千文第二名至第

五名給筆資錢貳千文第六名以後悉照所取各給筆資錢壹千文將來仍視人數經費之多寡量爲增減

一現今經費未充如資斧館穀粗可自給願將應得筆資充作經費者聽俟籌款稍豐一體奉贈

一卷面編列字號概不塡寫姓名公請外省或同鄉前輩評閱酌送閱敬

一不准一人兩藝及鈔襲成文冒名替作諸弊違者酌罰

百花課捐輸

朱子典 漕平銀壹百兩 朱蘋洲 漕平銀捌兩

包與賓 洋錢拾元 洪琴西 洋錢拾元

翟忠孝堂 洋錢拾元 裕泰號 洋錢拾元

吳選青 洋錢拾肆元 徐太元 洋錢陸元

翟禹臣 洋錢伍元 洪達三 洋錢肆元

洪雨樓 洋錢肆元 潘春舫 洋錢肆元

吳石昀 洋錢叁元 翟韻棠 洋錢肆元

洪仲淵 洋錢肆元 吳咸卿 洋錢貳元 兹錢叁千文

徐德昌 洋錢貳元 查吉人 兹大錢拾千文

潘鈞坪　捐大錢拾千文　翟次懷　捐大錢拾千文

潘聚垣　捐大錢柒千貳百柒拾文

陳煦齋　捐大錢叁千文　陳奎五　捐大錢叁千文

陳庭一　捐大錢貳千文　吳銘三　捐大錢貳千文

洪肖衡　捐大錢壹千文　洪雲軒　捐大錢壹千文

朱贊廷　捐大錢叁千文　潘若泉　捐大錢壹千文

查子銘　捐大錢肆千文　陳梅村　捐大錢壹千文

吳對庭　捐大錢壹千文　朱石生　捐大錢伍百文

洪十三公　捐大錢拾千文　洪紫衡公　捐大錢陸千文

鄭善佑　捐大錢拾肆千文

耕餘別業紀事 附金陵館錄後

禀稿

敬禀者竊 職等 世居涇縣兵燹之餘地方彫敝特甚幸蒙
大憲籌發牛種銀兩廣勸開墾三年以來農民藉資生養獨士類困頓異常文教難期遽振甲子鄉闈乙丑會闈應試人數視昔年約減十之七八皆由資斧維艱莫遂觀光之願伏讀
曾中堂刊定皖省開墾荒田章程有云三年之後此項庫發銀兩卽存該縣禀明作爲公事善舉之用概不繳還省城等語今屆三年期滿本縣勸農局所收各戶繳還牛本銀兩及丁戊兩年應收牛本銀兩可否仰邀

憲恩准作本縣賓興公車經費遴派妥紳管理發商分領生息以每年所收息銀按屆支放期於推廣
皇仁利周而溥實與別項公事現用現銷者有別如蒙
俯允所請敬求
憲臺諭飭涇縣勸農局委員先將本年所收牛本銀貳千肆百餘兩如數解交記名道朱守謨優貢生翟增榮妥慎經理以專責成二紳好義急公廉明精細職等及闔邑士紳均深敬佩所有酌擬大概章程理合繕摺呈
核伏乞
批示飭遵謹稟 同治五年 月 日

大概章程

一涇縣業商者衆近而馬頭弋江西河灣沚蕪湖大通遠而江寧安慶等處各有涇縣會館公所董事輪年管理此項賓興公車經費爲數無多應分派各處遞年生息由經理紳士遴舉各岸董事取具的保認領其月息多寡亦由該紳商酌以期畫一

一鄉試路近人多會試路遠人少此項息銀就現在情形酌派鄉試六成會試四成總以實在入闈人數爲準其息銀截至鄉試年分六月底止爲一屆鄉試六成提出彙交江寧城內涇縣會館值年紳董收存會試四成匯寄京都或交公車中殷實老成之

人帶交涇縣會館值年京官收存鄉試以八月十六日支發會試以三月十六日支發不準預支

一年老諸生

欽賜舉人由廪增附邀

恩者會試時一體支發俊秀減半均止準支一次其奉

特旨召試及優拔貢應

朝考者與該年會試舉人照數攤派亦止準支一次統俟試竣之日支領

百花試館公啟

敬啟者皖省開墾荒田前奉　曾爵相刊定章程有云此項庫

發銀兩三年之後存各該縣稟明作爲公事善舉之用等語今屆三年期滿各縣催繳不齊至今尚有未經稟報者當道諸鉅公以軍務喫緊公項支絀有將此款提歸省城或辦積穀或湊作文闈經費之議而各縣少一公用巨款大爲失望值此殉[illegible]之秋更覺無從措手爰邀集皖南現寓江寗各紳妥商而各縣情形不同難以畫一辦理祇得稟請將本邑本年所收牛本銀兩充爲本邑賓興公車經費遴紳管理發商生息以期垂諸久遠謹將稟詞及大略章程呈祈　察核現已通稟　各憲俟奉批再行録報敬請　崇安伏惟　垂鑒同人公啟

各憲批示

爵署兩江總督部堂李　批此項牛本銀兩

曾閣部堂原定章程三年之後作爲各縣公事善舉之用茲據

酌擬章程禀請發交朱道守謨翟貢生增榮經理分派就近商

業生息以作鄉會經費事屬可行仰皖南道卽飭涇縣將勸農

局解存縣庫銀貳千肆百貳拾伍兩零先行發交朱道守謨翟

貢生增榮查照章程妥慎經理其丁戊兩年應收牛本俟各都

長一律繳清并發朱道等妥辦以全善舉仍錄報

撫部院暨移藩司查考并飭朱守謨等遵照繳同治五年　月　日

爵閣兩江總督部堂曾　批據禀并章程均悉該縣繳回牛種

銀兩作爲賓興公車經費事屬可行惟在經理得人庶可垂諸久

遠所有牛種銀貳千肆百餘兩仰候札飭勸農局委員解交洪守汝奎收存應交何處生息即由洪守主持以專責成仍候
李爵署兩江總督部堂批示繳章程存 同治五年十一月二十九日

皖南道詳奉
安徽巡撫部院英　批涇邑所繳牛種銀兩前據該縣紳士前
南河總督潘部堂等禀請留充本縣賓興公車經費已批候
爵督部堂核示辦理矣仰即知照繳
道銜寧國府正堂孫　批所禀爲培植人文起見並公舉妥紳辦理庶慎始即以圖終惟牛本銀兩係
曾爵相籌發之款自應候

爵署督憲暨
各憲批示祗遵俟奉到批示迅卽鈔錄送府立案仰涇縣轉飭
勸農局紳知照繳淸摺存　同治五年十二月初一日
五品銜署涇縣正堂劉　批查此項據繳牛本銀兩前奉
爵督憲曾　議定章程內開原准留作縣中義舉之用茲據稟
請留爲合邑賓興公車經費事屬可行第銀係庫發前據委紳
朱艮翰等將銀交縣開摺呈報前來業經據情轉詳
各憲迄未奉批且年限雖滿田未開竣銀未繳淸
憲意能否停墾尙在未定現該紳等旣經公稟
各憲留作賓興經費事亦義舉應俟奉到前後詳稟批示卽行

分別卻會遵照辦理爲妥清摺附

公牘

五品銜署涇縣正堂督辦勸農局務劉　爲解移事案准

貴府移開以勸農局牛本銀兩歸入賓興公車經費一款詳奉

各憲批准發由敝府會同朱道翟委員妥爲經理等因准此敝

縣當將農局原解洋錢叁千伍百叁拾陸元陸捌扣合湘平銀

貳千肆百肆兩肆錢捌分又湘平銀貳拾兩陸錢壹分又錢叁

百陸文合湘平銀貳錢貳分陸釐柒毫通共合湘平銀貳千肆

百貳拾伍兩叁錢壹分陸釐柒毫批差解交爲此合移

貴府請煩驗收印掣批回須至移者　同治六年五月十一日

五品銜署涇縣正堂督辦勸農局務劉　爲移覆事准

貴府移開竊照涇邑勸農局牛本銀兩前准貴局將丙寅年收款備批移解由敝府騐收印掣回照在案茲聞業將丁戊兩年牛本銀兩諭飭洗紳世榮掃數收清並荷函諭此項或徑送金陵或就近撥存何處以免轉折等因正在移復間又准續函諭催到敝府准此伏查此項原議發商生息現因邑境典舖未設殷戸寥寥無人承領乃復邀同邑紳會商咸謂置買市房卽以房租所入備送士子鄉會川資較爲穩便因念蕪邑爲合邑士子應試通衢商賈雲集市房亦多壘據吳紳承修趙紳履瀛江紳瀛翟紳炳光等函商均以蕪湖置産爲宜敝府經收丙寅年

牛本一款除兌付蕪湖朱姓市房價銀外所剩無幾現又經該紳等議買蕪湖南門內市房一區約需湊付房地價銀湘平壹千壹百兩商請撥兌前來敝府一面函復寓蕪諸紳就近估值立契一面商請翟紳炳光淇紳錫祺帶同業戶前往涇城邀請趙紳履瀛洗紳世榮等親詣貴局祗候給領移煩查照希即於丁戊兩年牛本項下先行給領湘平銀壹千壹百兩取具該紳等墨領備案仍將前項銀兩存數查核見覆以便續請撥兌等因到縣准此除已取具該紳董趙履瀛等墨領存案外緣准前因相應備文移覆爲此合移貴府請煩查照施行須至移者

同治七年二月二十五日

署涇縣正堂馬　爲移復事案准

貴臺移開竊照農局紳董沈世榮等將丁戊兩年牛本銀壹千捌百捌拾玖兩柒錢伍分捌釐陸續繳存縣署除巳奉撥兌湘平銀壹千壹百兩發交趙紳等領用外希將收存

前督辦勸農局劉　移交牛本銀兩發給來弁領回等因准此除將敝前任移交湘平銀叁百柒拾兩陸錢伍釐洋錢陸百拾陸元陸捌扣合湘平銀肆百拾捌兩捌錢捌分又找尾錢肆百拾肆文壹柒扣合湘平銀貳錢柒分叁釐以上叁共湘平銀柒百捌拾玖兩柒錢伍分捌釐照數封固批差護解外理合備文移復須至移者　同治七年閏四月初八日

選用道江南太平府正堂唐　爲移覆事准
貴府移開以涇縣勸農局款置買蕪湖縣市產朱思忍堂等賣契共伍紙粘連移請鈐印發還永遠信守等因到府准此　敝府當將契據鈐印理合備文移還爲此合移
貴府請煩查照驗收見覆施行須至移者

計移還粘連鈐印契據伍紙　同治七年十月二十八日

選用道江南太平府正堂唐　爲移覆事准
貴府移開以涇縣勸農局將所收牛種銀兩交耕餘別業收存置產生息茲復買朱實夫翟一書等基地房屋賣契各壹紙又字據肆紙援案移請鈐印發還等因併粘連契據陸紙到府准

此檄府當卽查照鈐印理合備文移還爲此合移

貴府請煩查照驗收見覆施行須至移者

計移還鈐印粘連契據陸紙 同治八年三月十四日

蕪邑房產契據

立杜賣契朱思忍堂今將原買坐落蕪湖縣西門外大街昇平鋪曹家巷坐北朝南地基自造大小鋪屋兩所大鋪屋前進櫃臺壹所次進堂心壹間正房兩間叁進廚房壹所進後青樓壹座小鋪屋前進櫃臺壹座次進堂心壹間廂房壹間進後廚房壹所兩鋪屋後末造空地四圍墻垣兩鋪屋內樓上樓下隨屋裝修憑中一併出賣與

涇邑耕餘別業名下爲業三面言定時值價銀洋錢叁千塊其銀當日收足其屋聽從執業其地聽從起造自賣以後永不增找永不回贖今欲有憑立此杜賣契爲據

所有上首江姓原買老印契壹紙江姓允對字壹紙蕪湖涇縣會館首事公立字據壹紙一併繳出又批

同治六年十二月　日立杜賣契朱思忍堂

憑中　朱樂賢　吳省庵

立杜賣契人翟克勤克仁今將原買蕪邑南門內大街縣前鋪坐東朝西地基壹區西至大街南至朱姓業北至朱姓業東至陳姓業由西至東通前至後約拾肆丈餘由北至南闊約叁丈餘地

後灣曲處至城墻脚大路約闊叁丈餘長叁丈餘四至明白俱以老墻脚爲界憑中杜賣與涇邑耕餘別業名下爲業三面言定時値價漕平紋銀貳百拾叁兩玖錢零壹釐整其價銀當日收足其地基現有兆學等做造店屋應由兆學等立契杜賣與耕餘別業收執與身無干所有店屋之地基并店屋後身空地又靠南灣向城墻脚大路空地均係身原買陶姓之業並無典押及股分不清情節今日全行杜賣并無絲毫存留自賣以後聽憑買主做造租賃永不增找永不回贖恐口無憑立此杜賣契永遠存照

同治柒年貳月　日立杜賣契翟克勤　克仁

憑叔顯祖　弟兆學　兄宗鮑　耀堂　族長兆佑
次懷　柳堂　蘭士　擇堂　耿甫　代筆夢儺

立杜賣契翟慕香堂兆學兆埼今將蕪邑南門內大街縣前鋪地方自造鋪屋壹所前進樓房上下陸間櫃臺貳面天井壹方南北廂屋各壹間貳進樓房上下陸間叄進平屋叄間後披厦壹大間又橫披厦壹間大院壹方後門壹扇店屋西至大街東至陳姓業爲界南至朱姓業現開吳義和烟店爲界北至朱姓業現開聚泰布店爲界四至明白通前至後周圍墻垣隨屋樓上下裝修憑中一併出賣與
涇邑耕餘別業名下爲業三面言定時值價漕平紋銀捌百貳

拾捌兩捌錢陸分陸釐其銀當日收足其屋聽從受主執業收租其地基現由克仁等立杜賣契與耕餘别業收執與身無干所有身自造店屋實無重複典押及股分不清情節今日全行杜賣並無絲毫存留自賣以後聽從受主執業改造租賃永不增找永不回贖恐口無憑立此杜賣契永遠存照

同治柒年貳月　日立杜賣契翟慕香堂兆學　兆靖

憑中叔顯祖　兄克仁　宗鮑　耀堂　族長兆佑　次懷

柳堂　蘭士　擇堂　耿甫　親友吴仲臣　代筆翟夢僊

立杜賣契朱實夫同姪韻青 棣軒 介卿 鳳來同姪孫仲平今將祖遺買受李姓蕪邑南門內大街縣前鋪坐東朝西門面地基並排叁路

向係南首壹路計叁進兩厦後又壹小進中間壹路計伍進並更樓晒臺北首壹路大門走巷壹條計橫直陸進後通儒林街門面四至並長闊開列於後俱以老墻腳爲界因爲正用通同商議願將地基并基內石磉石板絲毫不動盡行憑中杜賣與涇邑耕餘別業名下爲業當得受時値價足紋銀捌百伍拾兩整其價銀比日收足基地任從受主執業起造照戸收納其南首門面地基前租與翟一書等做造市房壹宅其市房任由一書等立契杜賣與耕餘別業與身等無干所有身契內基地叁路均係身等祖遺買受李姓之業並無典押及親房外人有分等情如有此情俱身等一力承當永不增找永不回贖恐口無

憑立此杜賣契永遠存照其價當日一併收清不另立收字又照

上首赤契壹紙比付買主收執翟姓基地租約壹紙一併撿

付又照

四至

東至照上契老墻脚爲界

西至官街

南至買主墻爲界

北至韓賣吳主仲記姓墻姓後通儒林街

基地深闊尺寸

南首壹路門面闊貳丈壹尺貳寸深拾壹丈

中間壹路門面闊壹丈陸尺外餘走巷四尺深拾伍丈叁尺
北首壹路走巷闊肆尺深肆丈捌尺
朝西門面闊貳丈陸尺伍寸走巷在內深拾丈伍尺
灣曲至儒林街門面闊貳丈肆寸深肆丈伍尺
同治柒年十二月　日立杜賣契朱實夫仝姪韻青　介卿
棣軒　鳳來　姪孫仲平　憑中趙鑑堂　張慎勤　程楚
卿　嚴九如　陳一山　翟楓林　錢竹軒　張鏡秋　盛
蓉塘　朱仲文　洪魯瞻　潘宏海　潘薦臣　吴竹軒
鄭槐庭　翟柳堂　夫懷　渭川　擇堂　耀堂　晋堂
耿甫

立杜賣房屋契翟一書宗鮑一基大卞今將原租朱姓蕪邑南門內大街縣前鋪地方基地合造鋪屋壹所前進樓房上下陸間南北廈各壹間天井壹方貳進樓房上下陸間廚屋披廈壹條通前至後周圍垣墻隨屋樓上樓下門窗戶扇櫃臺裝修另開清單公同商議情願憑中盡行杜賣與
涇邑耕餘別業名下爲業三面言定得受時值價足紋銀肆百伍拾壹兩整其銀當日收足其屋聽從受主執業另召另租其地現由朱姓立契出賣與耕餘別業收執與身等無涉所有身等合造店屋並無重複典押掛欠地租及股分不清情弊今日全行杜賣並無絲毫存留自賣以後聽從受主執業改造另租

永不增找永不回贖恐口無憑立此杜賣房屋契永遠存照

同治柒年拾貳月　日立杜賣房屋契人翟一書　一基

宗鮑　大卞　憑中翟肇書　沛林　志韓　宗架　楓林

渭川　擇堂　耀堂　頤卿　普堂　盛蓉塘

公產編號備查

一買朱思忍堂大鋪屋壹所編爲仁字號

一買朱思忍堂小鋪屋壹所編爲義字號

一買翟慕香堂鋪屋壹所編爲禮字號

一買翟一書等鋪屋壹所編爲智字號

以上據現有鋪屋編列字號其餘空基俟起造鋪屋另編

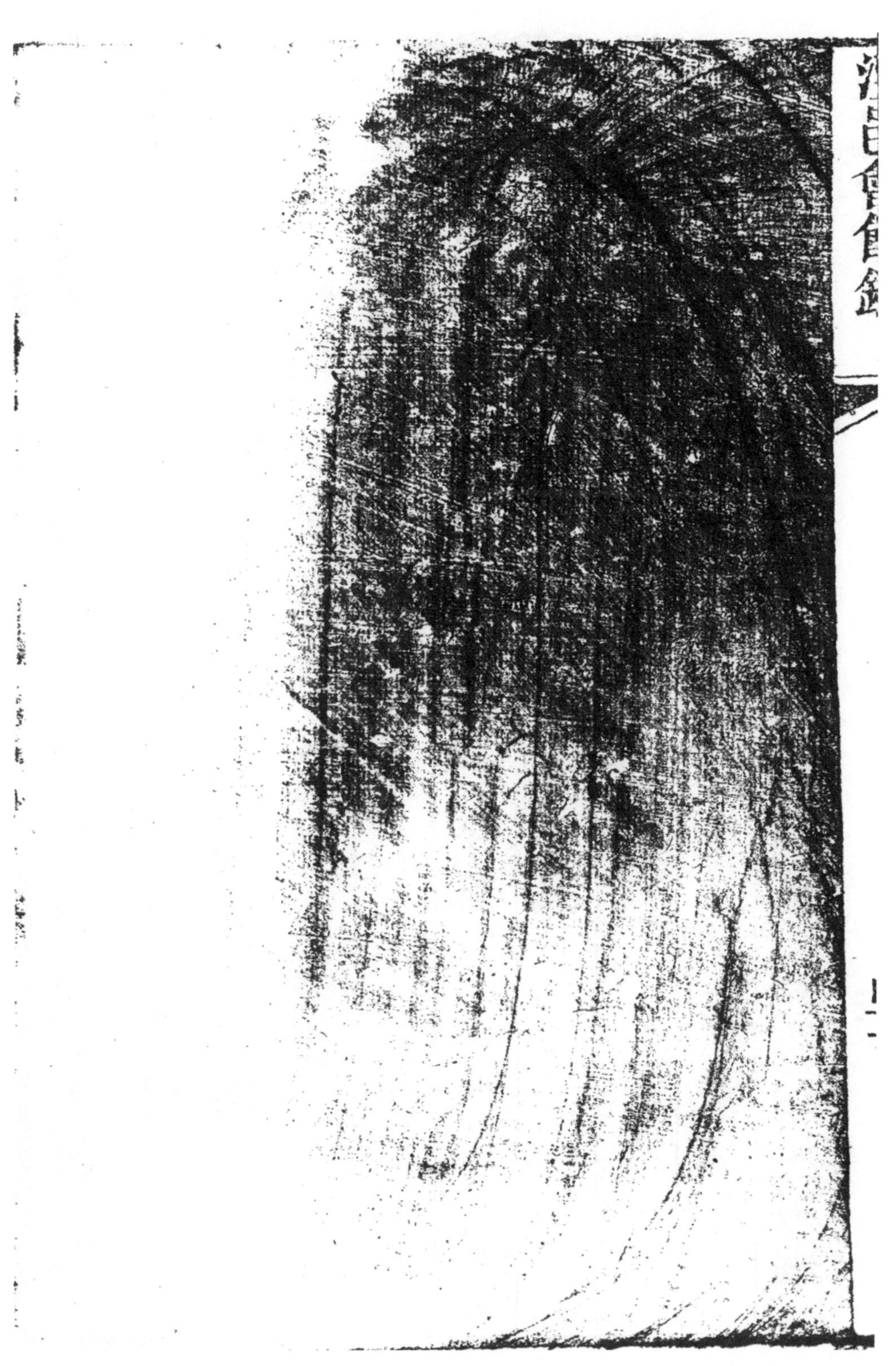

欽加三品銜特用道署理江南江寧府正堂加十級紀錄十次錢　爲

出示諭禁事據涇縣會館長班潘陞稟稱竊會館公議館

規前經館主前署湖南糧儲道朱𢘫侯等遣身稟請

前陞藩府憲李涂示諭在案茲又續置義冢一所坐落南門外

安德門地方立有規條僱募民人陳仁壽看管嗣後遇有

本邑客商無力歸葬者聽憑在義冢界內營葬誠恐無知

小民採牧作踐甚或侵佔情事並恐夫頭人等不准看山

人擡埋希圖索費滋生事端今館主前署湖南糧儲道朱

𢘫侯記名道朱守謨江蘇候補知府洪汝奎知府銜候補

同知直隸州前任宿遷縣知縣包家丞江蘇候補同知朱

際昌分發試用直隸州知州翟增榮運同銜江蘇候補知
州吳崇壽江蘇候補知州查貴輔江蘇候補通判潘兆芬
同知銜直隸州用江蘇候補知縣查祥考運同銜同知直
隸州用江蘇候補知縣翟敦甫江蘇候補知縣潘兆逵五
品銜江蘇候補縣丞鄭文斌江蘇候補縣丞吳持鈞候選
教諭王鼒候選訓導陳守和吳承修張作賓洪汝濂鍾山
書院肄業舉人吳愼旃趙錦章舒愷副貢生朱瑞元李英
元拔貢生朱禮元歲貢生翟祖駿優貢生洪佩聲附貢生
翟承烈生員朱日宣胡之珍朱如圭洪錫祺李竟成鄭步
雲李盎胡瑛洪吉瑛翟應祉董仁監生徐學文等開具杜

契文底義冢規條并看山人承管字據遣身稟乞備案出示禁止作踐滋擾等情到府據此除批示外合行出示諭禁爲此示仰安德門地方居民暨看山人等知悉爾等毋許在該義冢山地牧放採割作踐侵佔等事如敢不遵一經訪拿或被告發定卽從嚴究辦決不寬貸其各凜遵毋違特示

同治捌年　拾　壹　月　初　壹　日示

立杜賣荒山文契邱氏同子陳仁壽今將祖遺荒山壹業坐落江甯縣南城外安德門拾字崗脚地方計荒山壹塊門面寬伍丈伍尺下中腰計拾壹丈上中腰計玖丈後山頭計叁丈柒尺皆歸裁尺該山東至潮應庵爲界西至李姓山爲界南至陳言至山爲界北至陳德泉山爲界四至載明隨山交代今因正用合家商議明白央托山隣説合自情愿將此荒山憑中邀牙立契出杜賣與

涇縣會館名下永遠執業安葬當日三面言明本荒山照時估值得受賣價洋錢拾玖元整其洋錢卽日契下一手兑清賣主憑衆親手收足毫不短少錢契兩交明白此山自賣之後聽憑

買主卜穴安葬永遠爲業遵奉　部例凡杜賣之產契明價足
日後永無增找永不回贖永斷葛藤山係陳姓祖遺已產與別
房別姓無干賣後倘有族親長幼山隣異姓人等爭論以及重
複典當指山質押家務內外分晰一切葛藤不清之事俱惟賣
主一力承當與買主毫無干涉此係兩相情愿允買服賣並非
債準逼勒成交等情今欲有憑立此杜賣荒山文契永遠存照
同治捌年柒月　日立杜賣荒山文契陳邱氏同子陳仁壽
憑中陳能更陳宏元陳金安陳言至
潮應庵惟中李從興樂善祠陳德泉
立承管看山人陳仁壽今承管

涇縣會館義冢山壹業坐落江甯縣南城外安德門拾字岡脚地方身承管看守并安葬棺柩自承管以後遵規照辦如有貽誤聽山主禀　官究治所定看山並擡柩葬墳工資條列於後永遠存照不得增減立此承管爲據

一看山工資每年九八錢壹千貳百文清明中元年節三次分領

一安葬金井挖深過柩高伍寸冢土葢高叁尺照柩長堆領工食九八錢捌百文

一擡柩至山每名領工食九八錢貳百文連裝殮入棺工食在内不拘農事閒忙毋得遲悞槪不另給飯食每名領點心錢貳拾文

一殯厝棺柩由死者家屬自備磚瓦木料并各工匠其小工即
用看山人工資照葬墳規例領給

同治捌年拾月　日立承管看山人陳仁壽憑中陳湧茂潘德禮

義冢規條

一議創立義冢現僅從金陵邦上就近勸捐故捐款無幾除置
買冢地及一切使費外餘款存放生息以作每年修墓祭掃
之費并看山人工資

一議凡葬義冢者須報明會館首事挨次編號仍自備小石碑
刊明姓名都圖甲分豎立爲記并將年貌詳細登簿存館以
備子孫查認遷柩回籍各鄉小姓亦准附葬

一議凡葬義冢者一棺以外左右准空餘地壹尺伍寸不准多佔

一議看山人工貲由義冢存款內支取撞柩工錢以及挖坑葬費均由死者家屬自備如殯厝所需磚瓦木料并各工匠亦由死者家屬自備其小工卽用看山人工食與葬墳同

一議病故之人實係無力置棺木衣衾并無衣物變賣又無親族幫貼使費者准由義冢存款內開支抛錢伍千文儘錢備辦不准多用

一議每年清明節前數日會館首事備葷素菜數品并酒飯香紙邀集同鄉親友數人祭掃義冢限抛錢貳千文爲度如有

坍卸之積即督率看山人挑土培築視工之多少酌給錢文
拾月初旬亦祭掃一次祭品香紙使費與清明同

一議如有生死不明牽涉訟案者不准歸義冢厝葬或經首事查明訟案實係清結無力解柩回籍願歸義冢者准其一體埋葬

一議凡我邑在金陵仕宦商賈流寓過客願助義冢使費者由會館首事開明來歷親收登簿以備補刊館録其捐項即歸義冢公款內生息

一議義冢收支各帳每年正月於會館結帳時面眾結算凡與義冢無涉之事不得在義冢存款內混支并不准借用以防

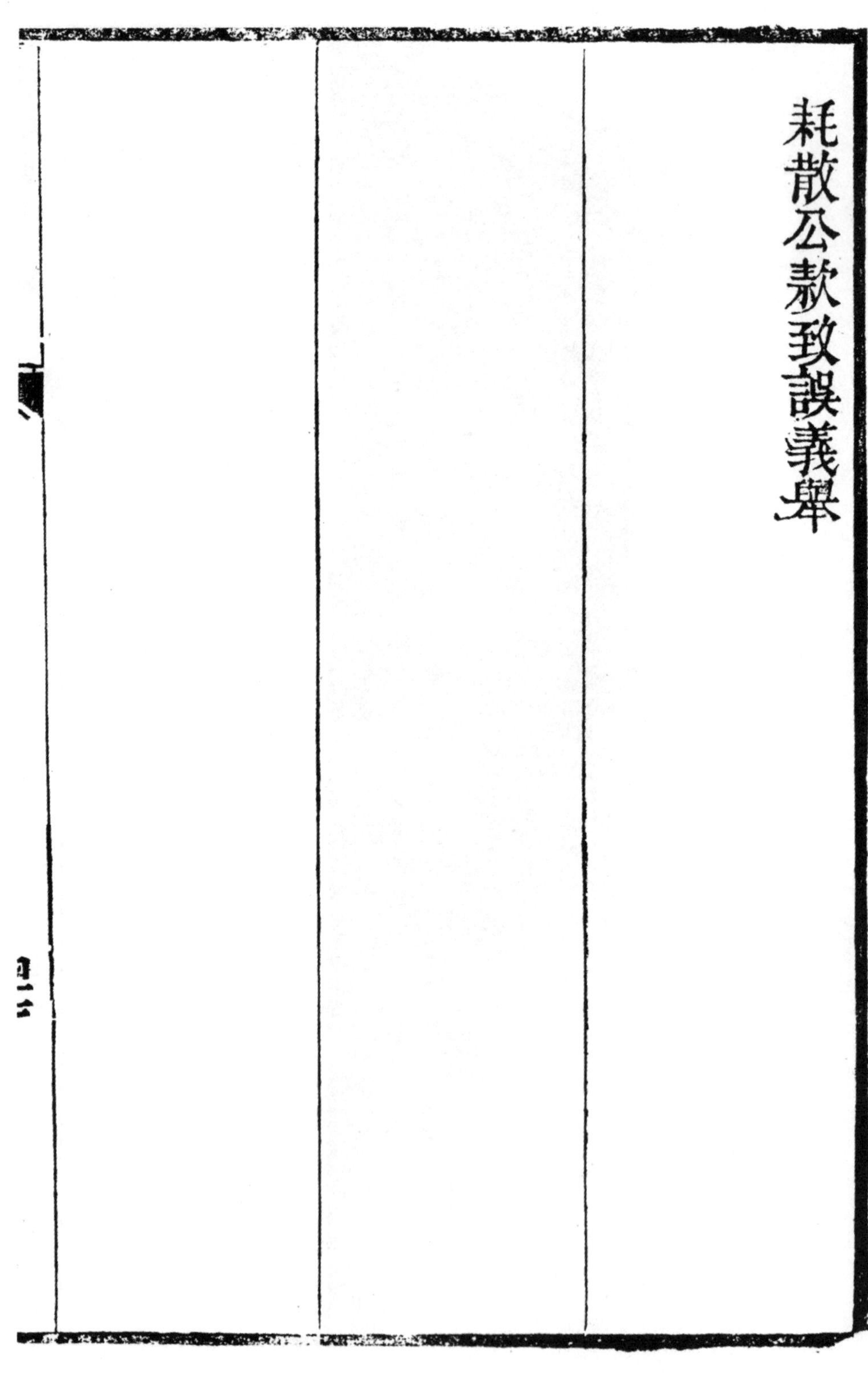

耗散公款致誤義舉

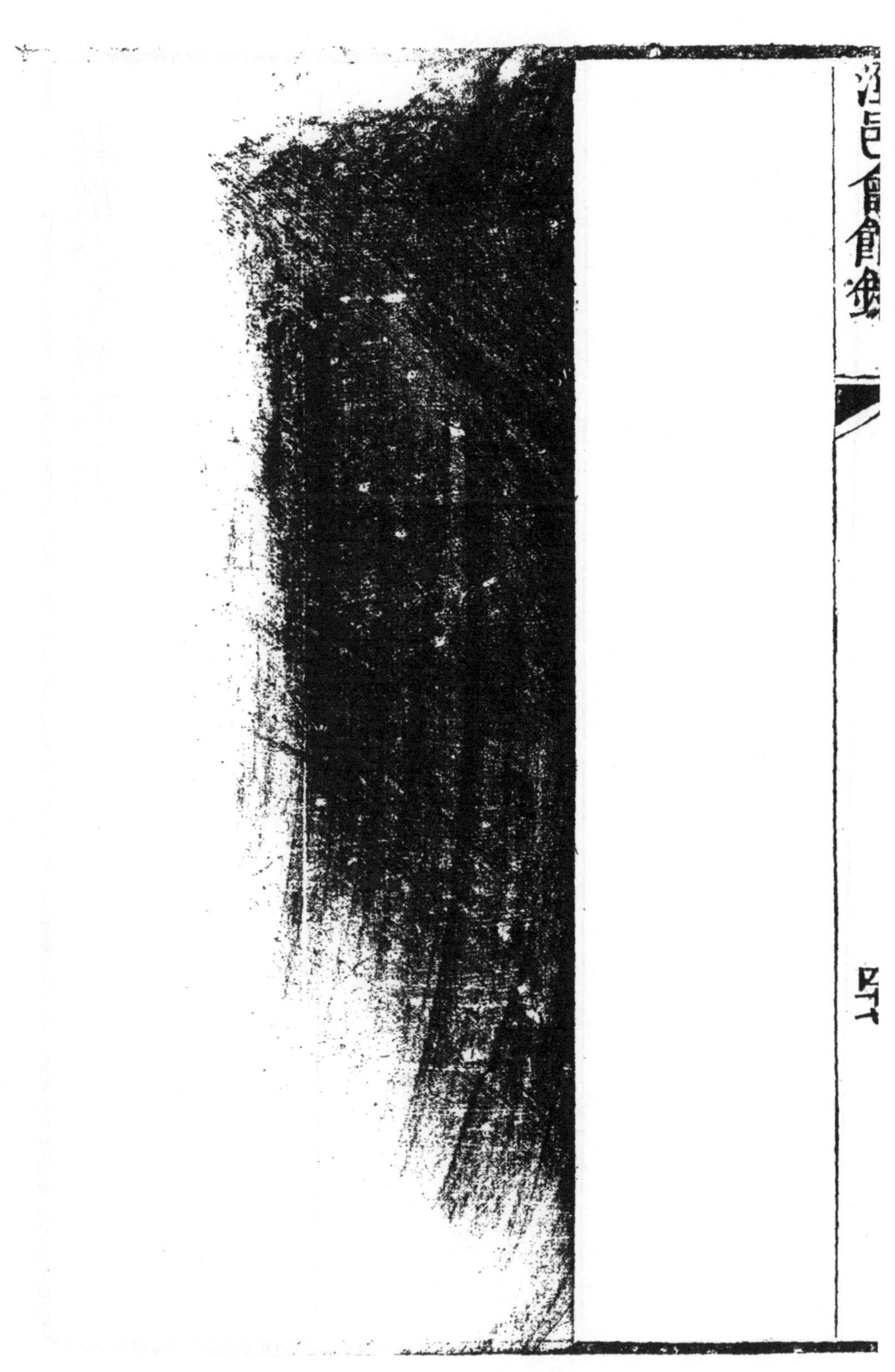

義冢捐輸

朱日升恒鹽號　捐紋銀柒拾兩

查怡新　捐洋蚨拾元

裕泰錢庄　捐洋蚨拾元

曹希佑公　捐洋蚨伍元

陳梅村　洪達三　朱小江　大亨烟店汪姓

翟炎懷　徐德昌　胡必丑　洪耀南公

以上各捐洋蚨肆元

陳煦齋　胡永省公　胡雲卿　徐海公

以上各捐洋蚨叁元

洪鶴亭　洪碧峯　朱滙川　胡象賢
朱小泉　大興紙店　吴佐廷　衛三和
洪耀廷公　王秀廷　衛正泰　潘喜仁
吴猷卿　陳源太　許永順　陳雲從
翟益泰　郭源清
以上各捐洋蚨貳元
吴禮堂　吴雲山　鄭槐廷　翟夢仙
李繼榮　沈永源　王德和　陳世啟
朱贊廷　鄭醴泉　翟永淦　王景源
以上各捐洋蚨壹元

金陵全書

甲編·方志類·專志

湖南定湘王南京行宫志略

（民國）行宫董事會　編

南京出版社
南京出版傳媒集團

提要

《湖南定湘王南京行宫志略》（又名《湖南旅京同鄉定湘王行宫志略》），一卷，民國時期湖南旅京同鄉定湘王行宫董事會編。

湖南旅京同鄉定湘王行宫董事會，是民國時期湖南定湘王南京行宫的管理、監督機構。據本書，進入民國，定湘王南京行宫一改清代的『首士制』管理方式，即由兩江督署等推舉鄉望素孚的同鄉進行行宫管理，而代之以『經理制』，并由同鄉人公舉産生董事會，以董事監察。本書第七章記録了董事選舉法、董事會章程、常務董事會議等規章，并保留了此書刊印時期董事姓名表一份，其中常務董事彭明俊、董事周龍光、經理劉毅剛等均是本書編刊的參與者，分别作序，從中可以一窺行宫事務團體在本書刊印過程中的角色。

全書計六十八頁。前附圖版六，分别是總理遺像、行宫大門圖、行宫大殿圖、左文襄公遺像、曾忠襄公遺像和行宫董事會全體董事及職員攝影。後文共分七章，包括史略、沿革及管理、祭祀、教育事業、慈善事業、儲蓄、規章。

本書是對定湘王南京行宮所涉宗教背景、歷史、現狀和管理制度等的全面記録，生動展現了傳統神靈信仰在漸趨現代化的經營環境中流變和適應的過程。

定湘王在清代以湖南善化縣城隍聞名。清咸豐二年（一八五二），太平軍圍攻湖南省城長沙，士紳以定湘王靈迹素著，置之南城。此役，長沙未克，太平軍西王蕭朝貴戰歿於陣，定湘王由此與湘軍集團建立了密切的聯繫，此後并隨湘系軍事集團的崛起而廣泛流布。定湘王南京行宮的建立也是這一潮流中的一環。清光緒九年（一八八三），左宗棠平定新疆後，出任兩江總督，以定湘王助征有功，故在南京設立定湘王行宮。光緒十年（一八八四），曾國荃繼任兩江，不久增修行宮，基本奠定了行宮宗教殿宇在晚清的格局，是爲定湘王南京行宮建立之始。行宮除奉祀定湘王夫婦，亦供奉關聖、觀音等，諸神靈共同構成了行宮儒佛道共存的信仰空間。

在宗教功能之外，定湘王行宮的社會職能頗著。行宮董事會章程中便直言：『本會以聯絡同鄉感情，辦理同鄉之教育、慈善公益及救濟諸事宜爲宗旨。』如依托行宮的『私立湖南旅京第二小學』的開辦即是對旅京湘籍同鄉會教育目標的回應。此外，定湘王行宮每月定額用以救災、恤死，爲流落南京的

貧苦湘人提供餐食、醫療、借宿、喪葬等幫助。前述以彭明俊爲代表的管理者對行宫資産的重新配置，包括增加進款、退出駐軍、更改舊約、訂立合同等，爲民國時期行宫社會活動的全面展開奠定了經濟基礎。

定湘王雖非南京地方神祇，但在信仰空間發展過程中與本地社群建立了密切的聯繫，定湘王信仰也經歷了深刻的『在地化』過程。晚清定湘王信仰的流行與湘籍人士的遷移和地緣關系的重構相聯繫，定湘王的身份也在城隍、戰争保護神之外，增添了地方神等多重色彩。本書開篇用大量篇幅搜集整理定湘王靈迹，作爲其靈异的驗證。其中尤爲值得注意的是定湘王對南京城的護持作用，這顯然是信仰『在地化』的表現。在定湘王南京行宫内展開的扶乩等宗教活動，創造了南京本地定湘王事迹新的宗教文本，本書予以細致收録，充分體現了民國時期行宫與地方社群的密切聯繫。

本書的記録保留着關於近代南京城市政治、經濟、文化的豐富訊息。例如本書第二章沿革及管理中，收録了行宫所有土地地圖，詳細描繪了城中多個片區的公産，可以借此復原二郎廟、籠子巷等區域的局部街道、建築歷史。又如在本書對祀儀的記録中，提及主祀的三位武官都須是湘籍人士，如果有不屬湘

籍者則不請。這反映了晚清以降，湘湖軍興，湖南地方勢力透過軍政網絡向東南社會滲透的實際情況，同時也反映出晚清南京城内武官群體的特殊構成。這些記録都是瞭解晚清民國時期南京軍政、社會文化狀況的細節化史料。

本書較爲稀見，目前國内僅南京圖書館收藏是書，此外，日本東京大學東洋文化研究所等機構亦藏有此書，與南圖藏本應爲同一版本。

《金陵全書》收録的《湖南定湘王南京行宫志略》以南京圖書館藏一九三五年鉛印本爲底本影印出版。

賀晏然

湖南旅京同鄉定湘王行宮志略

編輯大意

一、南京定湘王行宮建立已數十餘年本京人士敬奉甚虔然無有知神之來歷者跡近膜拜故編此志略俾敬信神者知其淵源

一、定湘王靈異記係採自善化定湘王廟靈蹟雕刻及長沙府志善化縣志所載

一、志內所列圖對房屋服物器具係調查現在行宮所有者列入

一、此志略編輯匆促採訪實有未周如有博雅君子詳知典故請詳明指示無任歡迎

編者識

序一

湖南省會舊有兩首縣曰長沙曰善化敕封永鎮孚順定湘王乃善化縣城隍神也夫以中國之大所屬不下一千二百餘縣皆立廟以祀城隍神而封王位之後又兩次奏請敕加封號如陝甘如新疆如閩浙如南京各省皆設立行宮以祀之赫濯之聲靈功德之謌頌隆隆於耳目數十年來如一日者此僅見於善化縣城隍神矣自民國肇興善化縣歸併於長沙縣而定湘王廟靈光巋然南京定湘王行宮尤遠著靈跡本會纂修此志將 王護國佑民之靈異及行宮各項之事實分章別節彙編成帙命名爲湖南旅京同鄉定湘王行宮志略爰舉彭君明俊總其成周君龍光曹君執中爲採輯費時數月始克蕆事用誌數語於篇端俾閱者可以恍然其由來云爾

民國二十四年歲次乙亥六月中浣定湘王行宮董事會謹誌

序二

城隍之神由來已舊按太平府志云城隍廟在府承流坊赤烏二年創建是城隍廟已始於吳北齊慕容儼祀城隍大破梁軍是六朝已祀城隍五代朱全忠父名城當時諱城爲牆錢鏐有重修牆隍記後唐廢帝清泰元年封城隍爲王元文宗天曆二年封城隍並及其夫人明洪武初詔天下府州縣建城隍神廟封京城隍爲帝開封臨濠東平城隍封爲王府爲侯縣爲伯降至滿清仍從明制更錫封號至神鬼爲城隍者見蘇緘傳緘殉節於邕州交州人呼爲蘇城隍其後有范旺亦守城殉難邑人塑城隍以祭之以人爲城隍或自此始又夷堅志載城隍治陰間之事世傳城隍爲陰官卽始於是由此言之善化縣城隍爲生前長沙府知府韓公元信而有徵矣生而爲英死而爲靈理有固然其靈蹟顯著昭昭在人耳目尤復助軍遠征平定西域保全海疆崇德報功褒隆封號建行宮於四省豈偶然哉蓋赫濯之感人深矣是以數十年來靈驗卓著至今不替非威靈顯赫曷克臻此乙亥夏湖南旅京同鄉定湘王行宮董事會編定湘王行宮志舉明俊等董其事因撰弁言以誌景仰云爾是爲序

民國二十四年六月六日湘鄉彭明俊序於南京

序三

宇宙本遞嬗之局國家重史乘之書自唐虞以迄于今數千年矣居數千年以後之人知數千年以往之事非有鬼神之來告也古人讀書必貴左有圖右有史者何哉誠以史紀事圖載形供其研求相需爲用而不可缺然則國有史家有乘皆所以紀一代之事實備一代之形勝垂之於將來有所考證而不失其本真也明矣吾湘　敕封永鎮孚順定湘王乃善化縣城隍神溯自前清咸豐壬子秋寇圍長沙三次隧道轟陷南城未得逞志受挫而退八十餘日之危城卒得保全省　王現身靈異顯爲捍禦神蹟昭著爲通省官紳士民所敬信其後助征回疆平定西域捍衛浙防式遏寇虐由此陝甘閩浙諸省皆建　王之行宮足見　王之威靈洋溢乎中國而南京行宮亦由此建立焉六十年來官紳士民求無不應感而遂通禱祀日隆赫聲濯靈昭昭在人耳目稱道勿衰者其感格於人深矣顧　王之功護於國者兩次奏請封號曰永鎮曰孚順史固得而傳之而　王之德洽於民者史或不得而詳之今纂此志於史所難詳者得取資於當年之記述雕刊之流傳此亦編輯者之不可忽焉讀乩降之救刦經醒迷文則　王諄諄勉人爲善去惡懷保小民之心無時不感格於世人若日月之經天山河之緯地歷萬古而莫之或異矣因感而作頌曰大哉我　王理陰察陽保邦定亂蹟著吾湘禦災捍患威振遐方經文牖世功德無量東南保障士庶慈航干戈永靜日月重光江山鞏固國士遐昌六十年行宮坐鎮億萬姓謳頌彌彰沐鴻慈之優渥矢鶩戴以難忘振千秋之俎豆蔚百代之馨香

民國二十四年夏歷五月中澣編輯員長沙周龍光謹敍

序四

民國二十一年四月同鄉士君課亭彭君星燦等以行宮諸事亟宜整理乃集合同鄉成立董事會舉毅剛爲行宮經理堅辭不獲勉任其難受事以來倏歷三年猥以譾陋之識樗櫟之資然無涓滴之能上答

王靈於萬一惟近年行宮事務較繁整理之事亦夥斯開支較鉅以今視昔不可刻求顧事機之來不一若過於急切不免僨事之譏若視爲緩圖乂滋怠事之誚或有應須執行而需款較多者皆取決於公議引繩削木盡其心以求其是不敢孟浪以蹈覆轍之咎綆短汲長臨深履薄之心隨時隨事而莫之或釋也夫南京設立　王之行宮六十年矣[illegible]雖湘遠阻而今之各界士民來宮禱求者無不如響斯應靈異卓著昭昭在人耳目豈僅昔年保護湘城助征回疆捍衛海防始足見　王聲靈赫濯之盛哉茲編此志關於　王之靈蹟及行宮諸事分章別節纏晰紀載有所根據不致散無可稽以補前事之缺斯固素懷所深幸此志之聿觀厥成耳爲此恭疏短引敢竭鄙誠以贊之曰

天之高不可階而升地之厚孰敢量而明吾　王之功護於國德洽於民無異天高地厚而莫與比倫行見九垓感格八表釋爭化干戈爲玉帛躋世界於和平造全球編氓之福遍四海謳頌之聲俎豆與河山而並壽馨香偕日月以長新

民國二十四年歲次乙亥夏歷五月下澣行宮經理劉毅剛誌

序言

湖南旅京同鄉定湘王行宮志略目錄

插圖

卷一

第一章 史略

目録

總理遺像

南京定湘王行宮大門

南京定湘王行宫大殿

左文襄公遺像

左文襄公遺像贊

於鑠 左公曠代英雄天祚民福篤生元戎
文經武緯搗茭游龍南控寇發西撲回鋒惶
王之靈暗中佑助實 公之德感而遂通回疆
奏凱馬首是東經始行宮崇德報功茲脩此志
慎厥始終瞻 公遺像景仰無窮

周龍光拜題

曾忠襄公遺像

曾忠襄公遺像贊

事必有創於始者其盛則彰功必有成於終者斯美則揚仰　王靈之赫濯作保障於東南建金陵之行殿昭崇報於馨香惟　公之精誠神所感格瞻　公之遺像懷允不忘

彭明俊題

湖南旅京同鄉定湘行宮董事會全體攝影
民國二十四年十二月

湖南旅京同鄉定湘王行宮志略

第一章 史略

第一節 定湘王生前行略

定湘王生前爲韓公諱元字保吾河南人清道光十六年由翰林散館授湖南善化縣知縣到任後恆帶一二隨從微服私訪每數日不歸訪得不法之徒囘衙立卽簽提究治由是奸宄盜賊聞風遠遁縣稱大治一日訪至與省城相隔四十里之楓樹河地方有商人婦被鬼祟時發狂症醫治數月無效一夜婦之夫夢兩鬼商之曰明夜有韓知縣宿此焉逃之其一曰何必避此腐儒一鬼曰汝不知韓知縣卽韓愈後身在唐能開衡嶽之雲能馴鱷魚之暴正直之氣至大至剛非吾等所能近其一曰將若何曰房中有罎吾與汝隱於內以避之何如曰善次日薄暮韓公與隨從私訪至此覓宿處商人心異之聞姓韓頓悟兩鬼語卽延之宿恭敬備至飯畢商人出布與筆硯求韓公書一封字引韓入臥室請將罎口封緊後商人曰吾知公乃縣主也韓公驚曰何由得知商人詳告婦被鬼祟日久無法治愈昨夜夢兩鬼避罎之語特請封之故知公是縣主也其時鬼求開封釋放韓公諭之曰候婦病痊愈三年後送來吾署放之自此婦狂之症乃愈而商人每念家眷爲婦病耗盡恨之極韓公去後旬日商人潛往山中掘一深井向鬼佯言曰病已痊愈吾今送爾到縣署求其開放遂負罎墜井埋之後商人備物偕婦謁縣署致謝韓公問其故商曰埋之有日矣公曰鬼雖自作而埋之未免過甚留商人夫婦厚待之反其物並贈錢十千以歸此事一時傳播四鄉皆知迄今鄉人猶有津津樂道者韓公任善化縣知縣三年勤政愛民安良除暴上憲縷其政績正在送部引見間適奉部文陞任長沙府知府（見長沙府志職官表）恰值禾熟未穫之時鄉民忽報蝗災來如烏雲蔽日聲如巨浪狂風落於田則稻苗立盡止於樹則枝葉全無鄉民捕蝗送縣者紛至沓來韓公一時無法辦理遂肅衣冠焚香燭當天引罪自責握蝗而食被毒殞命嗣後蝗亦漸滅上憲列其事聞於朝得邀卹典廕一子入監此道光十九年事也

第二節 定湘王靈異記

保護湘城靈異

遜清咸豐二年壬子七月二十八日太平軍犯長沙其時河南巡撫潘鐸降調湖南藩司星夜抵湘先夜三更入城二十九日接印人心皇皇貿商閉市潘公徒步開諭商民照常貿易見紳士商辦戰守並厚給兵勇衣粮歡舞樂爲效力敵以火彈火箭梭擲勢甚披猖幾於計無所出八月朔在事文武官紳時長善兩縣紳士帶勇巡守多人相護保城如長沙陳本欽黃曰冕湘陰李星漁善化勞文翽諸紳籌餉出兵上下同心甚爲得力以縣城隍定湘王靈蹟素著擬迎鎮南城玫卜吉邑侯王葆生遂肅神輿登城樓與鮑起豹輪值謹守乃敵乘夜昏黑緣梯撲城經川兵殺退旋於南門洞口剜鑿門扆復經川兵無意覺之擲火桶敵多人稍却尋又於城外焚毒煙悶垜勇以鬮乘機搶登復北風大作反撲敵營敵計乃甓初五日早敵用巨砲轟攻南城時省城兵單飛催四路援兵適雲南楚雄協副將鄧紹良統帶鎮筸官兵由湘潭拔營赴省奮勇出隊城中知援兵得力人心漸安初九日鳳凰廳同知賈亨晉永綏協副將瞿登龍各帶兵千名赴援連日綏靖鎮總兵和春貴州鎮遠總兵秦定三河南河北總兵王家琳副都統衛頭等侍衛開隆阿候補知府江忠源均由衡先後帶兵趕到分駐南城外天心閣下及小西門城畔十八日廣西提督向榮由粵兼程赴省甫至即周閱城垣見城外履升典高牆敵倚爲蔽并巨砲難於攻倒南門城樓舊有三千斤巨砲即飭移南城天心閣親發機石（向公未到時有議開此大砲者恐驚倒城垣以紙數千石作砲台試用向至即行折毀）將履升典高牆擊倒漸次將白沙井鰲山廟一帶民屋焚塌斃敵無數先是敵在廣西得有銅砲在城外開放鉛鐵打塊飛入城內傷人甚多向公用此砲適一鉛子中入彼砲眼將銅砲炸裂並轟斃西王蕭朝貴二十六日向提督與和總兵分路進剿毀敵壘抉木柵敵乃於牆隙槍砲齊施雜以火罐參將鄭魁士帶勇攻打敵冒死抗拒終難得手我兵勇受傷一百四十餘人陣亡十三人計斃敵數百人二十四日新任巡撫張亮基入城（其時駱因詿語離任）鎮筸官兵連營於瀏陽門小吳門外敵連夜於魁星樓外金雞橋挨城一帶攻鑿地道城內穴地埋大缸甕令瞽者伏聽如聞鋤钁聲處迎掘衝破灌以穢水熏以毒煙但慮防不勝防向軍門復飭所部入城遊巡以備不虞城內稍爲部署而九月初一日洪軍大股果全數竄省勢甚洶湧初二日攻撲小吳門瀏陽門各營官兵迎擊截殺無數不期穴地之敵地道直通城內天妃宮暗埋地雷火藥於城根二十九日未刻地震城南磚石飛騰傾倒城垛五丈有奇敵衆蜂擁撲城呼聲震天城內居民盡向北城圖縋而出幸鎮筸兵適營於南城府文廟鄧副將紹良所部手刃上城悍敵多人復投藥桶薪油以斷敵路適中敵之先鋒大旗倒敵退十月初二日午刻又穿地道至金雞橋南城右角置地雷轟崩城垛震傷多人火遇風反撲敵傷死無數江忠源鄧副將率兵堵殺有僞

先鋒曾自南爲鄧副將小兵所殺十八日五更敵用長梯數十架於南城奎星樓側搶攻被鎮筸兵鈎奪長梯爭搶旗幟敵勢更沮十九日夜三更忽聞城外海螺四起大河東西兩岸火光燭天而城外實兵探報大股之敵已由河西小路潛遁矣總計太平軍傾城三次地道屢轟兇悍異常而危城八十一日獲保安全雖爲天威震懾將士同心而赫聲濯靈則定湘王捍患禦災厥績尤偉（見善化縣志）

助征回疆靈異

遜清同治五年陝西捻匪勾通甘省回匪結合十匪叛逆勢甚猖獗朝命左公督陝甘統湘軍征勦需出師之前因　王保護湘城之靈異親詣廟請乩於　王問其師行順利與否意欲請　王同行助勦　王降乩示之令其速行當助兵十萬隨之左公遂請令率提督劉松山郭寶昌等所統近百營以行卽設　王位於軍中凡軍中疾疫求之無不立愈及抵陝連次攻捻衆捻渡河走北山左公奏以三品卿劉典暫代督篆己則率劉郭諸將統軍北援西捻平七年左公入覲上問師期奏以五年西域可竣仍率劉郭等均還陝北山捻匪扈彰董福祥均降陝西大定八年由陝入甘征叛回擒斬其酋虎麻子余彥祿二酋皆回逆十八營中之悍魁也我軍乘勢攻回逆老巢金積堡統領劉松山被槍卒軍退其時劉公有姪名錦棠在軍中年十三歲身軀魁偉有將才夙爲部下所器重左公令其接統部下咸擁戴之錦棠一夜夢　定湘王促其進攻老巢吾當助爾成功從之揮軍復攻遂破金積堡追叛回至三叉河殲殄二萬餘得騾馬以數萬計擒其悍酋董志原馬化龍斬之凡出兵之先夜沿路居戶不聞號令但聞人馬之行聲開戶視之一無所見相驚爲神兵經過因之軍威大振回逆聞風喪膽由陝入甘勢如破竹軍至哈密回酋白彥虎引俄兵據伊犂湘軍深入糧餉轉運維艱其時清廷有議不遠征者左公上表爭之云重新疆所以保蒙古保蒙古所以衞京師俄人拓境日廣由西而東萬餘里與我北境相連僅中段隔有蒙古徙薪宜遠曲突宜先又云俄人據伊犂安夷據哈什噶爾若此置之不問必有日蹙百里之勢請率部直擣俄都以竟全功表入上壯其議於是我軍迫俄俄人懼乃縛白彥虎退出伊犂天山南北兩路皆爲我有回疆大定但軍行前進必先焚化草鞋十餘萬雙謂燒與神兵也軍氣益壯有楊昌濬之詩以紀其事云（大將籌邊未凱還湖湘子弟滿天山新栽楊柳三千里引得春風渡玉關）左公既平西域建立　定湘王行宮於甘肅新疆兩省一以不忘神功助勦一以爲民造福使於祈禱迄今兩省官紳士商求無不應香火極形隆盛則赫濯之聲靈直與河山並於千古而不朽矣

見魏光燾李有棻國朝政策

定湘王靈異記　四

保護海防靈異

遜清光緒十年法人犯浙江海防吃緊浙江提督歐陽利見出駐金鷄山督師防堵迎　定湘王神位祀於行營十一年正月法船僕犯鎮口知金鷄山爲主將駐紮之所日用開花砲遙擊砲子重者三百餘磅兩次子將及營忽盤旋落於山右山後並不炸裂由是水陸嚴防軍心益固實賴　定湘王顯靈保佑式遏寇鋒捍衛海疆厥功甚偉奏請敕加孚順二字封號之案錄後　見浙撫衛榮光奏摺

保護南京靈異

民國二年南京二次光復七月初八日閉城其時城內如李相府與遜清各勳臣專祠夫子廟　定湘王行宮毗盧寺等處皆屯軍隊張勳之軍得天堡城日以望遠鏡視城中見有軍隊出入之處時用開花砲射擊向　定湘王行宮射來者不計其數有三顆開花彈落入殿前院內戲台東側不開花其餘或開花於空中或落於東邊菜園塘內夫子廟爲第一師騎兵第八團住於內砲彈之射來亦不計其數尚有兩顆落入廟坪不開花其餘全落於河內張軍在南門外雨花台七月二十六日以巨彈射李相府所紮之兵乃彈落於法院後東花園某姓空房之內不開花城中各祠宇紮兵之處無日不有開花砲彈梭射並未見有落地開花傷斃人口炸倒房屋情事相持二十餘日至八月初一日城圍乃解後有吳桂生者爲張之部下統領五營駐浦鎮殺蛇被祟百治不愈特遣人赴江西龍虎山請張天師法官來治法官焚表伏地久之起曰蛇王道行高汝傷其類過多孽深矣吾不能治吳問法官南京狀況答曰前三年南京槍林彈雨生靈未受損傷安堵如常者皆係定湘王保護之力也

保全老廟靈異

民國二年湖南省善化縣歸併於長沙縣而縣城隍　定湘王廟有人倡改爲學校已將廟中匾對一律取下並攝　王之影將神像送往嶽麓山適值駐紮北門樂院內輜重營營長曾修乘馬率兵巡街行抵鷄公坡忽然頭昏腹痛疾至定湘王廟求水飲之略愈見廟中狼籍不堪未及追問次日即派軍醫官黎蓂階率兵四名往視廟中詰問廟僧據云若輩要此廟作學校舍無力阻止黎即飭兵持片傳倡首人到廟嚴詞中斥若不將匾對照原懸掛即帶營重治乃復如初次日攝像倡首人行至坡子中街忽橫倒於街中兩手自搥其股掌腫股破血流叫曰定湘王巡行至此吾遇之因將廟改作學舍攝影議將神像送嶽麓山之事故此途過打我叫聲不止我不將廟作學舍匾對昨已復原所攝神

像當即送廟焚化云云街人見其良久僉代求保寬宥乃止後其人即將攝相送廟焚化廟宇乃得保全黎公現寓太平橋行醫所談親自經過之事實也

保全孀孤靈異

前任兩廣總督勞崇光有堂姪曾孫名贊侯在當店管事有年爲人廉正爲東家所倚重同事咸畏之家稱富有病死遺其妻三十餘歲子一年方十一歲賦性聰穎就讀於左隣爲師所喜街有一流痞常向勞乞貸婦屢周濟之一日痞又謊言向婦借錢二十千爲作生意資本婦諭之曰屢借不還實難應命其人出惡言相辱婦不與較旋經隣人婉勸婦又以錢三千與之該痞不受負氣去遂造讕言以誣其婦揚之於衆婦聞之有口莫分爲之氣閉昏去數次急欲自裁又念夫僅遺一子無人撫育成立不能見夫於九泉其子每日放學歸婦泣謂其子曰發奮讀書爲母伸氣以增爾父之光其子求其故母曰是非爾所知也徒泣而不言其子以其母泣之言告之於師師曰是必有異汝回家請母來吾問之婦將某姓痞徒借錢之故遭此不白之誣師曰伸誣易事也吾當代爲伸之但須用爾子之名且必須爾子同往遂援筆作疏一通帶其子詣王殿前子叩頭師宣疏畢師亦叩頭訴之曰男名婦節人道防閑潰之則入同禽獸乃該痞有意詆誣壁汚蠅糞儒者有扶持風化之責如不代爲訴懇嚴懲不獨婦無以自全而子亦不能處世矣禱畢焚疏而歸次日痞徒跪於勞婦門前頭偏於左口流白涎呼痛不止忽而頭偏於右呼亦如之血流於地自叫曰吾再不造言誣毁他我再不起心害他之子求城隍爺爺莫打我呼叫之聲聞於街市繼而痞以兩手抄於背後同於繩綑而臉浮腫忽自起立遂由八角亭起至南門口回轉至坡子街下抵小西門往返三四次自白詆毁之罪謀害其子之心儼若有人牽之以行者如不喊叫即呼痛自言我說我說莫打莫打街上兩旁觀者如堵遊街後仍跪勞婦之門前求婦作保跪甚久旋由勞之本家某出求街隣焚香禱求寬恕並令痞書一悔罪狀焚之乃能起立於是勞婦之誣乃大白街之人有言曰眞活神矣無不悚畏婦之子後亦名列黌宮

乩降救刼經

善化縣廩生湯公面三鄒公連城偕其四五門人於同治十二年癸酉科六月赴省鄉試寓於　定湘王廟側客社相聚而言　王之靈異遂詣廟扶乩求示其來歷及己之科名　王乃臨乩降此一時抄錄傳誦城鄉殆遍並有刊印流傳茲特錄之

救刼經大衆聽吾乃三天門外朱衣神自漢唐迄明清三番五轉下凡塵韓其姓元吾名生前原任善邑尊食蝗孽戕吾生職司民社盡此

定湘王靈異記（十六）

心孝　玉敕崇吾誠復授善化城隍神秉職權掌幽明完此生前未了心甫履任大難臨八十一日保危城却鋒鏑救兆靈　玉敕吾兼護國神三千界日巡行禦災捍患保安寧先察陽後理陰全視善惡爲定憑善福報惡禍侵彰癉不得漏毫分奈世人不自醒奸盜邪淫罪貫盈善寥寥惡紛紛大好河山起刀兵水火刦瘟疫侵皆由自召難逃生速懺悔乃自新一心向善福駢臻修一善如積金金多美報穀貽孫作一惡如罹荊荆多横路礙前程陰騭文覺世經三帝寶訓覺斯民願世人速遵行爲善去惡有神欽增福壽發簪纓純是凡間積善人天無親惟德馨作善降祥有明文一家善一方型人人修善世澄清爾諸生問科名得失原憑此寸心祖德厚己德深定沐文昌佑爾名何必來求神何必來問神願爾諸生各勉旃

乩降醒迷文

遜清光緒癸卯曾守身堂重刊

序

嗟呼人心之壞至今日極矣予屢示勸懲冀可回心向善無如蚩蚩之氓愚梗不化殊堪痛惜今因爾等虔誠致請特撰醒迷文望爾等傳誦使世人依此檢束庶可挽回厄運否則自罹慘刦予亦無如之何也已

迷途有何界限孽海最易沉淪人心不古類皆夫足之徒世態日非誰是回頭之客貪名樂利不知霜雪總成空好色逞才毎見聰明多誤用損人自濟陷溺塵世幾得完全虛聲皆折福之端豈容妄想過享亦修身所忌何苦爭榮速取敗亡自求煩惱到頭方識悔來遲問心不堪前己錯胡不及時改過還須依我遵行全忠盡孝留萬古之眞芳取義成仁得千秋之正果專心向道正己化人共上慈航同歸覺路姓字早登仙籍福祿長綿後昆報豈有虛行宜著實各宜猛省毋忽訓言

以上所刻靈異或採自志書或得之流傳刊印或錄之私家著作字字均有來歷不敢面壁虛造　編者誌

懲賊（一）

道光二十七年六月忽有一挑賣沙水者挑其空桶狂奔善化縣署置桶於大堂之旁逕入內見縣官知縣羅公浙江進士也門房見賣水人科頭赤足粗俗異常向前阻止其人曰吾係本縣城隍神見羅縣官有話說門房引其入見僵立而言曰吾乃本縣前任知縣韓保吾也食蝗

殞命上帝授吾爲四川陽穀縣土地旋升湘潭縣城隍今奉調任本縣城隍因吾廟中僧徒行爲不端吾座右衆家極穢前門內西邊廁所不應設置每日鄉民收糞不得在吾廟前坪休息以此四事屢示夢於僧覺置不理特來煩君制止吾得安位從此本縣之事幽則吾任之明則君治之各勉其職無他言吾去矣賣水人退出大堂如夢方醒並不自知何以入縣署見縣官說話忽憶水桶置於堂側覓之無著忽紛傳廟坪有一人臥地自撾其股高聲叫曰大堂側水桶是我所偷我還他求城隍爺爺恕罪輕刑自撾自叫不休觀者如堵其時賣水人亦擠入觀之認其桶伏地保求乃止叩頭致謝而去偷桶者乃縣署糧賦房之廚夫也羅知縣聞其事親詣廟坪見之乃歎曰人可欺而神其可欺乎親率衙役詣廟查明分別驅除由是善化縣城隍之靈凡有致禱者無不彰彰顯應遠近皆懾其威矣

懲賊（二）

唐久安積善人也家巨富凡困苦之人踵門求之無不應其夫人年六旬有女字李公星沅爲孫媳李公由翰林官至兩江總督五月初六日李府遣人迎接唐夫人夫人服飾往夜歸將金手鐲耳鐶及金壽杖取落置於床前小椅上入後房他事後忘於收檢壽杖乃夫人六旬李婿所送上嵌明珠一顆價值銀四百餘兩不料是日有傭婦之姐乘夫人入後房時遂竊其手鐲壽杖而遺其鐶夫人次早梳洗後取戴耳鐶而二物不見問傭婦答曰今早掃抹房內只有鐶在椅上並無他物傭婦之姐堂皇自如令人不疑而夫人並不疑其爲竊但戒其勿爲聲張免致外人見笑適值五月二十八日爲　王之誕辰向來先期三日城中各商爲　王迎會　王偶遊行通城街市旗傘執事牌匾花彩非常熱鬧商民居戶無不在街旁恭設香案虔呈祀品燃燭鳴炮跪迎傭婦謂夫人曰首飾不知被何人所竊何不求　王顯之夫人曰區區之物何必煩神傭婦爲自別嫌疑計乃自跪於香案前訴禱至傍晚時傭婦之姐狂奔至唐宅跪於夫人前自掌其嘴血流於地而言曰老太太之手鐲壽杖乃我所竊已典得銀二百兩即贖出送來求城隍爺爺恕罪止刑再不偷人之物夫人視其面腫牙血噴流乃跪求止刑而其妹在旁見之面亦忸怩無地自容全宅之人無不視爲異事無不稱道夫人含忍之德詰其當銀將作何用尚存在否曰將爲夫佃田作押金現存家中衣箱內絲毫未動夫人曰爾夫佃田既須押金應早與我說何必竊我物我當爲爾謀之速將當票及銀送來並囑爾夫來見我越二日該婦偕其夫將鐲杖贖出同送還夫人跪求宥罪夫人諭其管田莊人曰俟秋收後如有退佃者可將此田佃與此人耕種我已收其佃規銀矣後其人稱唐宅之田家稱富有皆稱唐夫人之盛德所感云

懲賊　（三）

瀏陽門外有一種菜者挑菜賣至南門大街已完以所得之菜錢貫於串將歸置於空籮中行至大古道巷口被人扒去而賣菜人爲之惶急逕詣　王爺前泣訴移時有一人奔至　王之位前橫臥於地口流白涎高聲自言曰賣菜人之錢是我扒的我只用去六文買油條其餘我退還他求城隍爺爺莫打我再不作扒竊賣菜人尙未出廟扒手乃將錢交之坐於香案下許久々乎而去嗣後有被竊者訴　王往往破獲一時城中竊賊爲之斂迹時人有言曰願到衙門不願進廟門知縣前猶可飾詞城隍前無所逃罪云

靈方解毒靈異　（一）

長沙東鄉距城五里地名阿彌嶺蔣家壋有農人李姓時值四月初旬預備分秧赴省城買辦油鹽等物先夜有剩飯置於淘米盆內忘於掩蓋早起炒熱用鹽菜湯啖之往城行至理問街其人倒於街中自言自語我今早在家中所食之飯菜內有蜈蚣毒現已發作頃間有一身著紅袍人在此經過告我曰吾乃善化縣城隍汝速辦蜘蛛窩二十個水煎服毒可解街人聞之各自紛紛在屋內板壁磚牆上覓之頗多立即煎服未及一時其人起立平復如常自謂所食剩飯菜中被蜈蚣遺毒我不知也幸爲神說出於是向街人稱謝詣　王爺殿前焚香頂禮謝恩後買物而歸

靈方解毒靈異　（二）

有一瓦工於五月爲人工作中飯時往馬王廟前方家塘邊坐石上洗足以便食飯同夥候之久不至前往視之瓦工躺臥於塘邊昏而言曰吾左足被百節蛇所咬適身著紅袍之城隍神巡行經過示我一方速用生老薑二兩桐子油痂二兩拌炒俟薑將炒枯再用陳黃酒二兩將兩味和勻以一半服之以一半洗於咬處不可走動云云夥友舁歸遂辦此方洗服果愈後將洗足處石板揭起果有百節蛇斃之以上兩方辦甚易效甚速愈此兩人難治之惡毒得以保全生命　定湘王之靈誠有令人不可測度者

夢治險症靈異

前清光緒十七年善化周君紹濂館於鳴珂里高伯平家高宅卽在　王廟之貼右每日下午放學後卽詣廟瞻依於香案前摩挲其鐘鼓低徊不欲去朔望必詣殿前焚香是年六月中旬忽染禁口痢數日不食諸事不便雖學東派人照料而床間上下以及夜間大有爲難之處忽

一夜正假臥朦朧間有人來言曰　王爺要我送藥來給紙包丸藥一粒啓而視之大如豆係白色其人令卽服之乃去醒而異之口中若有物其實並無物不二三日疾乃愈

第三節　定湘王封號奏案

一、永鎭二字封號

咸豐三年二月十二日湖南巡撫臣潘鐸奏爲神祇效順省城解圍奏請

欽頒封號以酬靈蹟事竊照湖南省城建有善化縣城隍之神向稱定湘王廟爲通省士民所敬信平時遇有旱潦疾疫靡不禱祀靈應咸豐二年七月粵匪滋事攻撲長沙省城勢甚猖獗省城士民敬將善化縣城隍神像异到南城供奉求神力默相國威以昰逆匪圍攻八十餘日每遇官兵接仗罔不順風助戰我軍大振聲威致令賊勢披靡該逆屢用地雷轟塌城垣均遇迴風轉撲賊營令寇自焚遂得易危而安且圍城日久賊營施放礮子火箭日墜城中僅能損毀屋瓦牆壁所有官民房屋並無燒燬亦從未不戒於火城內安堵如常此皆仰賴　皇上誠格天人故使萬靈效順現據善化縣轉據紳耆公呈咸願籲懇　天恩敕加城隍定湘王封號以彰崇德報功等情經臣在藩司任內具詳在案查定例禦災捍患有功德於民者由督撫題請敕封等語又查上年廣西桂林省城解圍後經廣西撫臣奏請敕加廣福王封號奉旨允准在案今湖南省定湘王神於省城被圍之際防禦吃緊之時俱得默邀呵護數次轉危爲安仰見聖朝威德覃敷神祇效順應行籲懇敕加定湘王封號以彰崇報而順輿情理合恭摺具奏伏乞　聖鑒訓示施行謹奏

附一　禮部議奏

咸豐三年三月二十五日禮部謹奏爲遵旨議奏事咸豐三年　月初　日內閣抄出奉　上諭潘鐸奏請敕加封號以酬靈蹟等語湖南省城向有善化縣城隍定湘王廟夙著靈異上年逆匪滋擾官民祈禱屢荷神靈顯佑保障城垣著禮部擬加善化縣城隍神封號奏請頒給以彰崇報而順輿情欽此欽遵抄出到部查臣部則例內載各直省廟祀正神請題敕封封號交內閣撰擬如奉旨交部謹擬者封號由部繕呈等語今湖南善化縣城隍定湘王欽奉諭旨交臣部議加封號臣等敬謹酌擬封號字樣開單進呈欽定恭候命下臣部移咨該撫照例辦理爲此謹奏請旨

附二　禮部咨湘撫

禮部咨開祠祭司案呈本部議復署湖南巡撫潘鐸奏請頒給封號一摺於咸豐三年三月二十五日具奏城隍定湘王封號字樣本日奉硃筆圈出永鎮二字欽此相應抄錄原奏移咨湖南巡撫欽遵辦理可也

二、孚順二字封號

前清光緒十四年九月浙江巡撫衛榮光奏請敕加封號以答神庥事案准浙江提臣歐陽利見咨稱湖南長沙府善化縣城隍夙著靈異咸豐二年粵匪初犯省城賴以保全經湖南巡撫奏奉敕封永鎮定湘王嗣後湘楚各軍出征他省皆奉神位以行光緒十年浙江海防吃緊該提臣出駐金鷄山督師防堵亦迎神位祀於行營十一年正月法船撲犯鎮口知金鷄山爲主將駐紮之所日用開花砲遙擊砲子重者三百餘觔兩次將及營忽盤旋落於山右山後並不炸裂由是水陸嚴防軍心益固實賴　定湘王顯靈保佑式遏寇鋒捍衛海疆厥功甚偉今海宇澄清以及四年在事將士咸沐恩施回念神功未敢湮沒爲此咨請查照奏懇敕加封號以答神庥等因臣查湖南省善化縣城隍永鎮定湘王護衛戎行靈蹟屢著實屬有功於國應協情籲懇敕加封號以答神庥理合恭摺具呈伏乞聖鑒訓示謹奏

附一　禮部議奏

禮部爲遵旨議奏事光緒十四年九月二十九日軍機處片交浙江巡撫衛榮光奏請敕加湖南善化縣城隍神封號並頒匾額一摺奉硃批禮部議奏欽此欽遵到部臣等謹按原奏所稱核與捍災禦患功德及民之例相符臣等議擬如該撫所請敕加封號以答神庥如蒙俞允臣部移交內閣撰擬封號字樣呈進恭候欽定後由臣部行文該撫遵照辦理爲此謹奏光緒十四年十一月二十九日奉旨依議當經抄錄原奏移會內閣撰擬封號字樣呈進奉硃筆圈出孚順二字欽此

附二　禮部咨浙撫

禮部咨開祠祭司案呈本部議覆浙江巡撫衛榮光奏請敕加湖南善化縣城隍永鎮定湘王封號一摺光緒十四年十一月二十九日奉旨依議當經抄錄原奏移會內閣撰擬封號字樣進呈奉硃筆圈出孚順二字欽此相應抄錄原奏移咨浙江巡撫欽遵辦理可也

謹按湖南省城於前清咸豐二年秋被太平軍圍攻八十餘日每逢危急時敵遙見定湘王身著紅袍威嚴直立城上是以南城被其攻陷

數次卒得保全者皆賴　王捍衛之功也解圍後咸豐三年二月經湖南巡撫潘鐸奏請敕封永鎮二字光緒十一年法船撲犯浙江鎮口　王又大顯靈異遏此寇氛經浙提歐陽利見咨請浙撫衛榮光奏請加封孚順二字此永鎮孚順定湘王之封號緣因如此然自敕封永鎮二字封號之年與加封孚順二字封號之年計之相距有三十八年矣合併志之

定湘王封號奏案

一三

第二章　沿革及管理

第四節　行宮沿革

定湘王行宮之建築

清光緒七年左文襄公(宗棠)平定回疆班師詔京陛見入東閣大拜光緒九年出任兩江總督以定湘王助征回番有功建設行宮於南京尚未竣工光緒十年法人以軍艦擾犯浙江鎮口勢甚猖獗調左公督閩浙而以曾忠襄公(國荃)任兩江總督光緒十二年兩江督署先鋒官熊消賓彭壽山傅永貴等呈請爵督部堂曾籌款購置民地及領兩旁官地共得百餘丈增修前後殿改造東西兩旁花廳內外過亭魁星閣觀音閣左右牆壁頭門牌樓前面戲台兩旁坐樓踰年工竣此廟貌恢宏神人共樂　錄湘陰焦樹鈞記

本行宮第一次捐款芳名列後

太子太保 一等威毅伯曾　國荃 兩江總督部堂	湘鄉	捐銀一百五十兩		黃軍門翼升	長沙	捐銀二十兩
滕軍門嗣林	湘鄉	捐洋八十元		譚軍門碧理	湘潭	捐洋三十元
李軍門興吾	長沙	捐銀四十兩		李軍門植廷	長沙	捐洋一百元
章軍門合才	湘鄉	捐銀六十兩		丁軍門燕山	湘鄉	捐洋四十五元
黃軍門本富	長沙	捐洋八十元		易軍門致中	湘潭	捐洋六十元
宋軍門聲平	湘潭	捐洋三十元		吳軍門家榜	湘潭	捐洋四十元
雷軍門玉春	湘潭	捐洋三十元		張軍門捷書	湘鄉	捐銀五十兩

捐款

楊軍門文彪　衡陽　捐洋二十元
劉軍門華軒　新寧　捐洋二十元
周軍門佐臣　湘潭　捐洋六十元
陳大人家貴　長沙　捐洋十元
賀大人振麒　湘鄉　捐銀十兩
陳大人英仙　湘鄉　捐洋十四元
韋大人其俊　湘鄉　捐洋十四元
黃大人瑞堂　長沙　捐銀十兩
朱大人式云　長沙　捐洋十四元
李大人仁銑　長沙　捐洋二元
龍大人德太　長沙　捐洋三元五角
袁大人紹春　湘潭　捐洋三元
余大人宗德　捐洋五元
袁大人俊　湘潭　捐洋五元
賀大人致麟　捐洋三元
劉大人曉嵐　捐洋五元
余大人　長沙　捐洋三元
徐大人本榮　捐洋四元
唐大人榮盛　湘潭　捐洋二元

粟軍門龍山　湘陰　捐銀二十兩
楊軍門金龍　邵陽　捐洋二十元
各哨官　共捐洋二十元
蕭大人鎮江　湘鄉　捐洋二十元
王大人載駟　湘鄉　捐銀十兩
陳大人再益　湘鄉　捐洋十四元
廿大人大有　湘陰　捐洋十元
劉大人煥章　長沙　捐洋三十元
鄒大人大順　長沙　捐洋二元
李大人仁鏡　長沙　捐洋十元
馬大人　捐銀十兩
李大人金州　捐洋五元
袁大人大陞　湘鄉　捐洋五元
劉大人本桂　捐洋五元
周大人有貴　長沙　捐洋三元
夏大人勝本　衡陽　捐洋二元
陳大人希常　捐洋二元
周大人萬國　長沙　捐洋二元
熊大人南香　湘鄉　捐洋二元

譚大人文才　湘潭　捐銀二十四兩
李軍門　捐銀十兩
劉大人福松　捐銀四兩
楊大人友勝　捐洋一百元
戴大人慶有　捐洋五元
聞大人其政　捐洋五元
吳大人爲學　捐洋五元
譚大人青山　湘潭　捐洋三元
徐大人連科　武岡　捐洋二元
周大人啓發　捐洋二元
張大人仁才　湘鄉　捐洋二元
吳大人連升　湘鄉　捐洋一元
張大人正榮　寧鄉　捐洋一元
李大人邦富　寧鄉　捐洋一元
林大人兆祥　捐洋一元
雷大人仁貴　瀏陽　捐洋一元
馮大人占彪　長沙　捐洋一元
凌大人蔭廷　澧陵　捐銀二十兩
譚大人新可　捐洋十元

侯大人崇正　捐洋五元
中軍門道發　衡陽　捐銀四兩
何大人文元　郴州　捐銀四兩
楊大人樂賓　捐洋八元
曾大人玉勝　捐洋五十元
羿大人大業　捐洋五元
周大人日云　捐洋三元
朱大人昇富　捐洋二元
王大人貴和　捐洋二元
解大人定元　捐洋三元
熊大人大賓　湘鄉　捐洋一元
湯大人維先　醴陵　捐洋一元
張大人義春　寧鄉　捐洋一元
江大人得龍　寶慶　捐洋一元
朱大人安國　寧鄉　捐洋一元
朱大人啓海　湘鄉　捐洋一元
徐大人樹昌　郴州　捐洋一元
十營營官　共捐銀二百兩
鍾大人啓祥　捐銀十兩

捐款

湯大人 捐洋十元
新湘各營官 共捐銀三十六兩
湘軍南字十營營官 共捐銀二百兩
趙功甫 湘鄉 捐洋二元
楚湘雲 湘潭 捐洋二元
晉德堂 捐洋一元
趙明德 捐洋一元
濟生堂 捐洋一元
顏源昌 捐洋一元
西成棧 捐洋一元
步雲齋 捐洋一元
田文運 捐洋一元
李學筲 捐洋一元
曾廣習 捐洋一元
曾廣脊 捐洋一元
朱榮陞 捐洋一元
李萬鎰 捐洋一元
王姓 捐洋一元
歐東海 捐洋一元

一六

劉大人伯谷 捐洋十元
老湘各營官 共捐銀四十兩
禹大人 寶慶 捐洋十元
懷美堂傅 湘陰 捐洋十元
李家華 長沙 捐洋十元
馮大人 捐洋十元
張大人 捐洋十元
唐大人 捐洋八元
謝大人 捐洋十元
培心堂馬 捐洋二十元
承慶堂文 捐洋十二元
厲治齋 捐洋十四元
濂隱氏 捐洋十元
湘雲小榭 捐洋十二元
章大老爺壽麟 捐洋十五元
楊大老爺伯昂 捐洋三十元
葛大老爺岳喬 捐洋二十元
朱大老爺式程 捐洋八元
葛大老爺培義 捐洋四元

王入賢　捐洋一元
黃光照　捐洋一元
徐炳南　捐洋一元
黃氏　捐洋一元
朱桂林　捐洋一元
李文科　捐洋一元
陳楚彬　捐洋一元
陳存義　捐洋一元
劉蘭亭　捐洋一元
易得勝　捐洋一元
倪長發　捐洋一元
田蔚初　捐洋一元
謝玉海　捐洋一元
賀耀迪　捐洋一元
朱松青　捐洋一元
劉漢臣　捐洋一元
張坤林　捐洋一元
殷春台　捐洋一元
陳禮太　捐洋一元

李大老爺　捐洋三元
曾大老爺光太　捐洋二元
金大老爺　捐洋一元
曹大老爺宗武　捐洋一元
姚大老爺文煥　捐洋一元
李大老爺朝蔭　捐洋一元
陳大老爺光大　捐洋一元
成德堂　捐洋二十元
馬祥陞　捐洋二十元
無名氏　捐洋三十元
無名氏　捐洋二十元
曾廣江　捐洋十元
曾廣璥　捐洋八元
四德堂　捐洋十元
同春堂　捐洋十元
鄧倫淵　捐洋十元
博約堂　捐洋五元
養怙堂　捐洋五元
古風書屋　捐洋五元

捐款

周榮華　捐洋一元　楊鈞龍　捐洋五元
王梅卿　捐洋一元　彭東材　捐洋五元
喻均懷　捐洋一元　張培元　捐洋四元
趙春元　捐洋一元　鄧秀如　捐洋四元
大春堂　捐洋一元　毗盧寺海峯　捐洋四元
盛東汪　捐錢一千六百文　潘彬如　捐洋二元
周寶成　捐錢一千文　彭小春　捐洋二元
德生堂　捐錢八百文　彭李氏　捐洋二元
陳大元　捐錢六百文　藍　姓　捐洋二元
喻光明　捐錢五百文　文霞軒　捐洋二元
曹雲亭　捐錢五百文　唐春亭　捐錢五百文
胡文彬　捐錢五百文　黎福春　捐錢五百文
楊瑞安　捐錢五百文　蕭學榮　捐錢五百文
曾青亭　捐錢五百文　蔣玉成　捐錢五百文
洪良安　捐錢五百文　何大人　捐洋一元
陳大人　捐洋五元　王大人　捐洋三元
無名氏　捐洋二十元　無名氏　捐洋二十元
張仁義　捐洋一元　悅來棧　捐洋一元

經理捐修督轅先鋒官　熊道濱　譚會友　何永貴　彭素山　謹刊

光緒十六年四月十六日穀旦

本行宮第二次捐款

謹將增修魁星樓閣及東邊花廳並砌池塘四圍石岸涼亭石脚東邊一帶房屋捐款列左

兩江督帥劉 峴莊 新寧 捐紋銀四百兩
楊金龍 鏡崖 邵陽 捐洋二十元
郭慶藩 湘陰 捐銀二百兩
凌榕榭堂 長沙 捐洋五十元
劉青煦 湘鄉 捐洋二十元
俞厚安 湘陰 捐洋五十元
蔣永和 寶慶 捐洋三十元
張仲春 甯鄉 捐洋六十元
姚桂林 長沙 捐洋十元
周汝和 長沙 捐洋十五元
湘軍霆慶右營後哨 共捐洋十元
陳能仲 南彬 長沙 捐洋十元
楊楚勝 寧鄉 捐錢三千文
江上喜 寶慶 捐洋十五元

劉光才 華軒 新甯 捐洋二十元
袁大升 湘潭 捐洋一百元
陶慈壽堂 安化 捐洋五十元
任祖文 湘陰 捐洋五十元
譚會友 湘潭 捐洋一百元
吳友貴 長沙 捐洋三十元
朱公遠 寧鄉 捐洋三十元
李永欽 長沙 捐洋十五元
劉光啓 新寧 捐洋十五元
劉玉泉 長沙 捐銀二十兩
張保成 醴陵 捐洋十六元
張太太 璧臣之妻 瀏陽 捐洋十元
蔣聲耀 寶慶 捐洋三十元
張普沾 武岡 捐洋十五元

捐　款　　二〇

以上共入捐 銀五百一十兩 洋八百八十四元 錢三千文
大共付 銀一百五十四兩七錢九分 洋二千〇四十三元五角 錢五百八十二千三百四十三文

兩江督轅隨員 楊復勝
先鋒首士 楊志高 龍德泰 監建

光緒二十一年孟春月穀旦

本行宮第三次捐款

謹將增修東西長樓並反樓披廈東邊過亭及升移大桅一切整修所有捐款開列於左

兩江督帥劉峴莊　新寧　捐洋三百元
王幼山友圭　湘鄉　捐洋二百元
曾紀壽　湘鄉　捐銀二百兩
林敦讓堂　捐洋一元
鄧炬　新甯　捐洋六元
劉思訓　新寧　捐洋三十元
劉重堪　新甯　捐洋四元
劉思勳摯卿　新甯　捐洋四元
督署　公捐洋卄元
李明垣星五　新寧　捐洋四元
陳周愼　新寧　捐洋六元
周德全若思　長沙　捐洋一百〇四元
盛積厚堂　長沙　捐洋二元
朱浴濱幼平　長沙　捐洋十元
張福臣繼勛　長沙　捐洋廿一元
黃江夏堂　捐洋三十元
曾廣照　湘鄉　捐洋二百元
蔣良春　寶慶　捐洋六元
張顯臣維鈞　郴州　捐洋十五元
王世雄槐生　長沙　捐洋三十元
劉世金義卿　新甯　捐洋二十元
洪魁占奎　寧鄉　捐洋十五元
江勝九營閻營　捐洋六十元
趙雲龍　岳州　捐洋二十元

陳師太 彭太太 捐洋　佘炳文 仲卿 長沙 捐洋二十元
凌國賢 捐洋二十元　吳恆山 湘鄉 捐洋二十元
劉本桂 新甯 捐洋十元　龍復森 筱如 新寧 捐洋十元
龔盛際 虞彬 邵陽 捐洋四十二元　楊文彪 爱吾 長沙 捐洋三十元
何興悌 桂陽 捐洋十五元　楊昌運 石綺 湘鄉 捐洋二十元

大共付用英洋一千五百一十六元六角

兩江督轅隨員 先鋒首士楊志高 楊復勝 監建

光緒二十五年己亥歲仲春月 穀旦

行宮附近房屋之改建

行宮建立之地基與廟貌恢宏之緣因既於上述之矣民國十八年經理葉公瑤笙因公回湘托曾君鳳岡暫代其職遂與同鄉會常委蕭光禮等將行宮殿前院坪截半租與黃孟祥所有院坪戲台旗桿台並旗桿西邊坐樓及圍牆一併拆去建築康濟醫院以十六年爲期合同抄錄於後十九年同鄉會常委蔣育寰等將行宮東邊花廳兩邊正房春秋閣及水閣涼亭等處劃爲湖南旅京小學校址又將西邊花廳兩旁正房改建坐東朝西市房出租與朱正興此行宮房屋之沿革也

參觀行宮房屋圖表

行宮管理沿革

南京定湘王行宮自前清光緒九年建立以來由兩江督署先鋒官推舉鄉望素孚之同鄉爲首士以管理之歸中城兩協監督首士雖由先鋒官推舉必報請兩協會銜咨請承乏其事其用咨請者蓋因推舉之首士官職崇高故也宮中收入支出之款於五月二十八日 王爺誕辰之後日由首士帖請兩協及先鋒官公同審核懸示於宮中以便週知並考核首士賢否賢則連任否則另舉當時香火甚盛所入較豐除每年辦理兩次誕祀外無甚他項支出故得所餘以置房屋迨民國元年改首士制爲經理制每年夏歷五月二十八日 王爺誕辰之後公舉其人以

管理之其間臧否不齊同鄉人於是發起組織董事會董事以監察之經理之賢得以連任否則由董事會選人接充從前每歲兩次誕辰備筵招待各界男婦香客近因行宮應辦之事甚夥開支較多遂公議將招待筵席裁撤移此資爲各項正用此行宮管理之沿革也

附錄　王爺誕辰裁撤招待筵席布告

湖南旅京同鄉定湘王行宮董事會爲王爺娘娘誕辰招待來賓不用酒席發表宣言

各界父老昆弟諸姑妹均鑒廢歷二月十五日是

定湘王娘娘瑞誕五月二十八日是

定湘王爺瑞誕各位不是多要來敬　神的嗎本來我們要預備酒席招待來賓但是現在的時勢比從前不同從前祇是敬　神求福是消極的現在我們誠意之外還要仗着　神靈的威光來栽培同鄉的子女以前湖南旅京小學辦過七次均是半途而廢自十九年組織校董會切實負責以來在行宮內開辦了一個湖南旅京小學校已經三年有餘教育同鄉子女每學期近二百人學校經費由行宮分擔一部分每年去了一筆鉅款是積極的作育人才我們要請求誠意敬　神的人減一頓口腹把省下來的錢來栽培同鄉子女此其一

又因現在時勢艱難同鄉失業的人多也有遠離家鄉無盤費回家的也有來自異地資斧告缺乏的還有被難的同鄉告幫行宮量力救濟事實昭昭在人耳目每年也要費一筆鉅款我們要請求誠意敬　神的人減一頓口腹把省下的錢來救濟貧苦同鄉此其二

現在國難當前行宮所有房租收入比前減少又奉官廳命令禁止發籤並收去籤筒香資所入不夠開銷又奉市政府通知攤派築路費洋一千零十七元三角三分似此鉅款何能咄嗟立辦祇有緩緩籌繳之一法我們要請求誠意敬　神的人減一頓口腹把省下的錢來繳公款免得行宮虧債此其三

所以本會於二月三日常務董事會議根據以上三個理由決議

王爺娘娘瑞誕祇辦祭席二筵敬謹致祭招待來賓不用酒席等語紀錄在卷除登報啓事外合將理由印發宣言至於行宮按月收支數目均於每

月三日在行宮大殿開董事會清算公佈如有欲明瞭內容者請於是日參加無任歡迎謹此宣言伏乞　鑒原

中華民國二十二年五月　日　定湘王行宮董事會

第五節　定湘王行宮碑誌

前殿東邊春秋閣下走巷西牆嵌石刻行書虎字一方

前殿西邊觀音閣下走巷東牆嵌石刻行書吟龍嘯虎四字一方

此兩碑係前清兩江督中協鎮王幼山軍門所書立

南京定湘王行宮設立湖南旅京公學碑記

定湘王之神湘先民甚虔祀之謂其能保衛疆土減少兵禍也前清同光之際鄉先進左公宗棠西征回疆祀其神於軍中師行因之屢捷左公繼督兩江其僚屬與湘軍從之來者一秉在軍中敬恭之心理更爲建立廟貌此南京所以有定湘王行宮也數十年來都中士女瞻拜甚誠於人心尤多維繫神權之可用則又如此民國成立迭受軍事影響廟產已有不振之勢十八年秋明俊重遊南京承同鄉人士以行宮主任一職相委經營年餘頗有因革損益之處其收入支出則舉張君孝友經理之如鹽理公產增加進款退出駐軍及與康濟醫院更改舊約與建記福記公司訂立租地合同靡不得同鄉會及諸同鄉之監督補助盡力以圖尤念湘僑子弟失學者衆多而行宮地既適中餘款又可補助最善莫如設立旅學於此同鄉集議詢謀僉同而學校遂於十九年春間成立並於行宮門首改置新額正名爲湖南旅京學校由故行政院院長譚公延闓書之今後廟祀猶存不妨人民自由之信仰校基漸定不背社會革新之潮流以一舉而兩得焉明俊復恐人事代謝而旋踵或有變遷爰於二十年一月二十五日召集行宮經費善後會議決定數條爲此泐石庶先進之遺規不至終廢而將來之設計日起有功則明俊與各同鄉所馨香禱祝者爾

附刊十九年一月二十五日行宮經費會議決議案於後

一　自本年菜地起租日起每月存洋四十元於郵政匯業儲金局

一　自本年菜地起租日起每月提存洋三十元預備對於同鄉救災卹死之費

會產

一 除臨時建築費外每月撥洋三十元爲本行宮房屋修理費實報實銷

一 每月提洋十元爲行宮雜支

一 每月規定洋十八元爲行宮主任夫馬費十二元爲行宮經理夫馬費

一 如臨時有特別開支須由大會公决

一 除上列各種開支外所有行宮餘款一概撥歸湖南旅京小學經費

定湘王行宮主任兼湖南旅京小學校董會校董彭明俊撰文

湖南旅京同鄉會監察委員兼湖南旅京小學校校董會校董黃鉞　書丹

湖南旅京同鄉會執委會常務委員兼湖南旅京小學校校董會校董蔣育寰

湖南旅京同鄉會監委會常務委員兼湖南旅京小學校校董會校董陳貞瑞　泐石

民國二十年四月　吉日立

附黃孟祥承租廟產基地改訂合同條件

立租地合同字南京定湘王行宮 康濟醫院黃孟祥今因行宮前代理人曾紀誰與康濟醫院於民國十七年九月所訂之允租合約及旅京湖南會館保管委員續定合約均多窒礙難行現經雙方商妥改定條件另立合同所有以前所訂允租合同及續訂合約應一律取銷本合同議定條件開列於左

一、定湘王行宮允將前院西邊走廊迤南房屋及戲台至東南角近圈門之西牆止租與黃孟祥任其拆卸改造設立醫院鐵香爐以南空地准黃孟祥栽植花草護以東西線短籬對廟內方面須開一門以便公共遊覽雙方保護不得拆花損木以重公德而壯觀瞻

二、前後殿及左右配殿與殿內神像照常敬謹保護西邊大門爲廟正門任人出入自由

三、租期定爲十六年但期滿黃孟祥有續租五年之優先權

四、押租洋四百元期滿時將押金無息退還倘行佃不清在押金扣除無異

五、行佃每月光洋四十元從民國十八年九月一日起按月繳納憑摺收租不得短少拖延

六、黃孟祥改造房屋估單及廟內所拆之房屋原有材料磚瓦估單業經會館委員估定價値其改造估單及收據由黃孟祥交一份於行宮備查並建造時行宮經理有稽核之權

七、合同期滿退租時按照改造估單收據除去原有之材料磚瓦估價外所用之改造費由行宮津貼黃孟祥十分之三但房屋有倒塌時歸黃孟祥負責修造否則取消其津貼如續約五年期滿不得再有津貼行宮無條件收回房屋及租地

八、黃孟祥改造房屋時應在房屋之外牆四角豎立石碑上刊湖南同鄉會公產字樣

九、在合同未滿期內黃孟祥不得將房產有私行抵押情事

十、本合同範圍以外各基地不得擅動分寸

十一、本合同經雙方當事人及公證人簽字後發生效力對於官廳應改正各項手續由行宮經理及黃孟祥共同担任辦理後報告會館

十二、未建築之房屋呈請官廳發給改造執照時行宮經理應協助之

十三、本合同照繕三份湖南同鄉會定湘王廟黃孟祥各執一份爲據本合同正式成立卽將前此之合約當衆毀銷

附佃約

立佃約字人黃孟祥今佃到

定湘王行宮前院東邊走廊全部及圈門外牆子以內餘地菜子與東南角房屋一院四間後抵池塘坳直至行宮東側門爲止佃作住宅與儲藏及看護工人住所之用除東南角院內雜屋一間及短牆准拆卸開門以便後進房屋出入外其餘祇准修理不准拆卸其圈門外牆子以內餘地菜子任修雜屋但須留後門出進所有興修建造來修去丟無異其期限與正約相終始議定每月行佃洋二十五元由交屋之日起佃憑摺收租不得短少拖延比進押租光洋五十元退租之日將押洋如數退還如行佃不清在押金內扣除無異今欲有憑立此佃約爲據

本合同及附約雙方遵約担負責任

一　周鳳記　熊錦記　第一次包做樓房八間共計大洋二千六百元

會產

一　第二次加修樓房三間共計大洋九百六十元

一　玻璃（應上點罩）共計大洋一百零二元

一　廟內舊有材料　單共計大洋一千二百三十八元

總共計大洋四千九百元

此合同於十八年九月一日訂

與承租行宮基地黃孟祥雙方在事人蓋章列名於下

康濟醫院院長黃孟祥

定湘王行宮經理何吉雲

副經理張孝友

湖南旅京同鄉會執委會常務委員蔣育寰

定湘王行宮租地委員會臨時主席彭明俊

湖南旅京同鄉會監委會常務委員陳貞瑞

證明人

黃　鉞　楊樹幟　王艾齋　王譔亭　聶瑞生　彭長發　黃蘭軒　杜煥竹　吳紹仁　羅有貴　吳友松

袁耀軒　周　急　文桂香　黃冠寰　何舜農　俞富雲　張宛僧　王保清　黃子和　張先植　劉文龍

中華民國十八年九月一日訂

附定湘王行宮東邊基地租與建福記合同

立租地合同字湖南旅京同鄉會定湘王行宮建福記今因整理會產增加收益賡續教育慈善一切公益經費起見經於民國二十一年一月二十二日同鄉

二六

大會决將契管行宮東邊地名吉祥街黃家巷菜園土地一片東至　西至　南至　北至　四抵石碑爲界共計面積　方租與建記福記各半使用（建記北頭 福記南頭）玆將雙方訂定條件分列於後

計開

一、土地自簽約出租後在租期内任憑承租人建造使用或分租推讓但不得有抵押與賣及租與外國人情事

二、本租約以十六年爲期在十六年内押金行租概不增減期滿後按照時價承租人有續租五年之優先權

三、押租國幣一千八百元建記福記平均負担成約之日先付半數其餘俟清丈登記領照及退佃一切手續完竣後如數交付由行宮出具正式收條期滿退租時押金無息退還倘有行租不清在押金内扣除

四、行租每月國幣七十五元建記福記各担半數均從承租人興工建築之日起租但行宮須即向土地局聲請登記承租人於登記手續完竣一個月内興工至租金按月各憑租摺付交行宮不得短少拖欠

五、地面房屋權及附着物概屬承租人所有在租期内聽憑將浮屋典押拆賣但典押不得超過承租年限租期已滿除由行宮收回土地外地面建築房屋及附着物按照時値估價定湘王行宮得以所估之價作六成收回如果估價發生爭執按照市面租價另立租約再行磋商承租

六、二廊廟經電話總局與康濟醫院中間之交通汽車路由業主負責向土地局及各方關係人交涉拆讓承租人協同辦理但地價由定湘王行宮担任工程費承租人担任

七、行宮後門原有厠所在交通路側有礙衛生須遷至北面大塘東北隅適宜地點塘邊厠所並應取消

八、本租約經雙方當事人及證明人簽字後發生效力照繕四份湖南旅京同鄉會定湘王行宮建記福記各執一份並附界址詳圖鉗合爲據

再批本約係租該地五分之四其五分之一另租此批以繪圖爲憑

此約於民國二十年一月二十二日立

湖南旅京同鄉定湘王行宮志略

二七

會產　二八

本行宮前租與建記福記所留存之地址原以圖上虛線爲界今將該地皮租與商記使用所有建記多佔地約十一方半應在建記租地東邊抵郵局後面界址除馬路外劃出長六丈寬一丈九尺之地由行宮收回租與商記以符原議此批

蔣育寰　陳貞瑞　王課亭　張孝友

中華民國二十年五月二十五日

湖南旅京同鄉會委員蔣育寰

湖南旅京同鄉會委員陳墨西

湖南旅京同鄉會委員劉鐵珊

湖南旅京同鄉會委員黄　鉞

定湘王行宮主任　彭明俊

定湘王行宮經理　張孝友

保管委員　謝禹成

到場同鄉　周穀成　鄧兆銘　陳德初　王艾齋　龔瑞生　羅有貴　杜煥洲　楊福元　何吉雲

李少荃　張石荃　王課亭　盛福田　賀迪元　黄漢臣　袁東丞　黄壽熙　羅秋帆

周瑞卿　謝蘭田　黄蘭軒　黄孟祥　劉梅齋　吳正才　龍春祥　陽福光　谷于生

周名炎　周慕蓮　盧文亮　黄燮琨　陳錫周　彭湘丞　謝良華　磊　鑫

建記代表　佘景伊　徐　霖　鄭聖鑑　彭水茹

福記代表　彭心燦　黄淑元　彭煌炎　鄺　章　陽天隆　劉儻太　熊生財　陳少清　陳韻吟

王長卿　沈雲倉　彭漢雲　陳志成

建福記所租行宮基地每月行租七十五元憑摺各付洋三十七元五角茲建記租地自屋後水泥路面外餘地推讓與商記承租另立合同每月由商記担任行租二十元零五角由商記直向行宮繳納建記自民國二十二年二月十五日起每月祇付行宮租地洋十七元正憑摺支取除將原函備案外特此批明此批

二十二年十一月十五日彭叩俊批

附定湘王行宮東邊基地租與商記合同

立租地合同字湖南旅京同鄉會 定湘王行宮商記今因整理會產增加收益擴充教育慈善一切公益經費起見業經同鄉大會議决將契管地名吉祥街量家巷行宮東邊菜地儘北隅地面併塘計九三二九、八八平方市尺合一畝五分五厘四毫九絲（卽土地局頒發藍圖所指定爲暫留地地者）其界東西北以周圍綫及石碑爲界南抵建記租地爲界租與商記使用玆將雙方訂定條件分列如左

計 開

一、土地自簽約出租後在租期內任憑承租人建造使用或分租推讓但不得有舐押與賣及租與外國人情事

二、本租約以十六年爲期在十六年以內押金行租概不增減期滿後按照時價承租人有續租五年之優先權

三、押租國幣二百元成約之日先付一百元其餘俟清丈登記領照及退佃拆去原有毛屋廁所與二廊廟交通汽車路一切手續完竣後如數交付由行宮出具正式收條期滿退租時押金無息退還倘有行租不清在押金內扣除

四、行租每月國幣十四元正從承租人興工建築之日起租但行宮須將退租拆屋各項手續完竣一個月興工租金按月憑摺付交行宮不得短少拖欠

五、地面房屋權及附着物概屬承租人所有在租期內聽憑將浮房典押拆賣不得超過承租年限租期已滿除由行宮收囘土地外地面建築房屋及附着物按照時值估價定湘王行宮得以所估之價作六成收囘如果估價發生爭執按照市面租價另立租約再行磋商承租

六、該租地大塘所佔多數所有塡塘費用等項由承租人自願担任塡用所有土方工價若干於退租時由出租人完全收囘併不退塡塘費用等項所有原有廁所頂項一百八十元正係商記與建記交界之處由承租人佔廁所地面多數者担任

七、建記福記與行宮暫留地原定虛綫爲界未便更動所多佔均地約十一方半應在建記東邊郵局後面除馬路外劃出長六丈寬一丈九尺之地與商記以資平均

八、在承租人地面內陳姓原租本行宮地皮所起之瓦房保留不在出租之內又塡水塘靠東邊牆脚須留過路公巷一條並起廁屋一所於

會產　三〇

該屋前後公用

九、本租約經雙方當事人及證明人簽字後發生效力照繕三份各執一份鉗合爲據

湖南旅京同鄉會委員　蔣育寰

黃幼蟾

陳墨西

定湘王行宮主任　彭明俊　王課亭代押

經理　張孝友

彭心燦　周益卿　羅有貴　熊生財　龍驤漢　黃漢臣　吳友松　黃南軒　杜煥洲　羅秋帆　吳正才

曹子金　徐霖　黃介清　龍春祥　陳謨　盧文亮　譚剛毅　黃元慶　鄭聖鑑　易德澄　袁東丞

黃子箕　楊承開　王課亭　柳家銀　周子飛　吳達生　周耀庭　武少卿　王臣清　劉均全

商記代表　徐瑞森　彭煌炎
　　　　　許敍園　胡鐵城

民國二十年五月十九日

二十二年二月十五日受讓建記基地每月加繳行宮租洋二十元零五角此批　彭明俊批

附抄定湘王行宮所管房地產印契

一　吳興發杜賣二郎廟恭維字鋪基地契

立杜絕賣空基地文契吳興發今將祖遺原買己產房屋被燬僅存空基地一業坐落上元縣城中二郎廟大街恭維字鋪地方坐東朝西迎街門面六號計空基地幷排六間天井仝二進空基地六間天井仝三進空基地六間後以塘沿爲界左首張姓牆脚爲界右首二郎廟基爲界計迎街門面寬木尺六丈六尺深木尺九丈五尺隨基週圍均依昔年牆脚爲憑基內餘磚碎石堦沿台坡過門墊石柱脚磉棵舊存東廁糞坑迷失

粘井俱各不動辭產交代寸土不留近因正用通家商議明白現奉城北保甲分局憲　示諭購買自情願將此空基地立契出杜絕賣與定湘王廟名下永遠執業當日言明照時估値得受本產空基地杜絕賣價曹平八五兌紋銀五十兩其銀卽日契下一平兌足憑衆眼同出筆主吳姓親手收足毫厘不少銀契兩交明白自杜賣之後聽憑受業主起蓋房屋一切使用永無異說遵奉部例凡民間杜賣之產契明價足日後永無增找永不回贖永斷葛籐基地係吳姓祖遺受分己產與別房別姓無干成交後倘有族親長幼上業異姓人等爭論家務內外分晰不淸指產質押重複典當受典出杜侵佔冒認轇轕不楚等事俱惟出筆人一力承當與今受買主毫無干涉該產正上各契被亂遺失無存前經吳姓稟明局憲　給發聯照在案嗣後查出本產上首隻字片紙以作廢紙無用今成交日當局憲查出本產聯照交付受買主收執爲憑此係兩相情願允買服賣並無債準逼勒等情今欲有憑立此杜絕賣空基地文契永遠存照

計附本產基地聯照一紙付執又照

憑鄰　孫善慶

胡永保

憑中　王再奎

憑親　趙啓興

代筆　徐雲逵

光緒十二年七月　日立杜絕賣空基地文契吳興發

會產 三二

「南京特別市市政府工務局取締課驗訖」（蓋戳訖） 建字第一〇六〇號 18/3/15

勘字第86000號

建字第3396號

南京特別市政府土地局

建築用地勘丈單

中華民國十八年二月廿五日發給

項目	內容
業主姓名	定湘王廟 代理人曾紀雎
住址	東三太平橋四號
地產坐落	中二 二郎廟街五號
土地種類	宅地
四至	東至定湘王廟基地；南至電話局；西至馬路；北至定湘王廟基地
面積	一畝六分三厘二毫
建築狀況	建築樓房上下三十五間披房三間
地產書據	執照二紙又一角；新契紙三紙；印契二紙；驗契紙三紙；官契一紙

查該戶因建築來局聲請勘丈經本局員查勘計丈得面積一畝六分三厘二毫合行發給勘丈單戶地圖各一份存執

勘字第玖捌號（鈐蓋南京特別市市政府土地局印）

登記科科長（田耀南章） 註冊股主任（楊華傑）

抄契簿本(1)
最後頁

一張永海杜賣空基地文契

立杜絕賣空基地文契張永海今將祖遺原買己產房屋被燬僅存空基地一業坐落上元縣城中二郎廟大街　字舖地方坐東朝西迎
街門面二號並排空基地二間天井全計寬二丈二尺二進空基地三間天井全三進空基地三間天井全後至塘沿爲界南至孫姓地基爲界
北至定湘王廟地基爲界該基眼同丈量計木尺進深九丈自二進起至三進止寬三丈三尺該基週圍均依昔年舊址老牆脚爲憑基內餘磚
碎石堦沿台坡柱脚磉槺俱各不動磬產交代寸土不留寸磚不留近因正用通家商議明白挽託中友說合自情愿將此空基地憑中隣邀牙
立契出杜絕賣與
定湘王廟名下永遠執業當日三面言明照時估値得受本產杜絕賣價曹平八五兌紋銀二十兩整其銀即日契下一平兌足憑衆眼同出筆
主張姓親手收楚毫厘不少銀契兩交明白自杜絕賣後聽憑受業主起造房屋一切使用永無異說久奉部例凡民間杜賣之產契明價足日
後永無增找永不回贖永斷葛籐基地係張姓祖遺受分己產與別房別姓無干成交後倘有族親長幼上業異姓人等爭論家務內外分晰不
清指產質押重複典當侵佔冒認轇轕不楚等事俱惟出筆人一力承當與今受業主毫無干涉該產昔年正上各契被亂遺失無存前經張姓
稟請局憲給發聯照在案今成交日憑衆杳出本產聯照杳交受買主收執爲憑嗣後杳出倒前契據隻字片紙以作廢紙無用此係兩相情愿
允買服賣並無債準逼勒等情今欲有憑立此杜絕賣空基地文契永遠存照

計附本產聯照一紙付執又照

孫善慶
憑隣　王再奎
徐雲逵

光緒十二年九月　日立杜絕賣空基地文契人張永海

湖南旅京同鄉定湘王行宮志略

三二三

領業執照

領字第二八二號

（南京市土地局印鈐蓋）

南京市土地局　爲

發給執照事查本市　區龍子巷街 西箭道巷市有地經本局勘得東至西箭道南至

本會　西至本　會北至龍子巷計面積三方丈六十三方尺五十三方

寸折合——畝——分六釐——毫六絲——忽按照南京市土地評價委員會

評定該地之最低價爲每方丈銀三十元——茲由湖南旅京同鄉會定湘王廟

以每方丈銀三十元——業經繳清地價共計銀一百零九元零八分照章

應准給予領業執照須至執照者

右照給承領人湖南旅京同鄉會定湘王廟收執

中華民國二十年四月二十四日　給

（右蓋南京市土地局印）

南京市財政局不動產補契紙

為發給補契事案據市民湖南旅京同鄉會定湘王廟呈報原有坐落本市國府西箭道地方房屋一十二間于 年 月因將原契遺失無存取具鄰戶保結聲請補發契紙前來當經派員查勘並已公告期滿將該產估值計國幣一千五百元正照章納稅應即准予補給新契除填明存根備查外合行填給補契以憑執業須至補契者

四至	
東至西箭道	
西至程姓屋	
南至湯姓屋	
北至龍子巷	

丈尺	
東	
南	
西	
北	

項目	
土地畝數	營產地
每畝價格	
房屋間數	房屋八間披四間
每間價格	房屋每間一百五十元披每間七十五元
共價	一千五百元

右給業戶湖南旅京同鄉會定湘王廟收執

中華民國二十一年十月八日

（右蓋局印）

局長程遠帆（南京市財政局長蓋章）

補字第貳伍號（鈐蓋局印）

會產

杜字第四四七號税銀一三五元△角△分△釐（鈐蓋南京市財政局印）

三六

南京市財政局
不動產絕賣契税單

欄目	内容
不動產補契人	湖南旅京同鄉會
籍貫	定湘王廟
住址	
不動產種類	房
出賣人	
坐落	國府西箭道
中證人	
四至 東	西箭道
四至 西	程姓屋
四至 南	湯姓屋
四至 北	籠子巷
補契紙號數	補字第二五號
補契日期	二十一年十月八日
土地面積	營產地
房屋間數	八間四披
價值 土地	
價值 房屋	一千五百元
價值 共計	一千五百元
税額	一百三十五元
納税日期	二十一年十月七日
税契單號數	杜字第四四七號

中華民國二十一年十月十三日　南京市財政局經收員

杜字第四四七號税銀一三五元△角△分△釐（鈐蓋南京市財政局印）

一　於維壽等杜絕吉祥街行字舖空水塘並菜地契

立杜絕劈賣空水塘並菜地文契於維壽才和今將原買己產水塘並菜地一業坐落上元縣城內吉祥街行字舖地方土名二郎廟空水塘一面外菜地一小方計西至東十丈零五尺南至北十八丈五尺東至西十二丈七尺五寸該水塘並菜地眼同中隣指明界址丈量俱依現量丈尺為憑照址絲毫寸土不留近因正用通家商議明白挽託中友說合自情愿將此空水塘並菜地憑中隣邀牙立契出杜絕賣與定湘王廟名下永遠執業當日三面言明照時估值得受本產空水塘並菜地杜絕劈賣價曹平銀一百兩整其銀即日契下憑衆一平兌足眼同出筆主於姓親手收楚毫厘不少銀契兩交明白自杜絕劈賣後聽憑受買主蓄養魚鮮收獲籽粒其菜地栽種菜蔬一切便用永遠為業遵奉部例凡民間杜賣之產契明價足日後永無增找永不回贖永斷葛籐水塘並菜地係於姓祖遺受分己產與別房別姓無干成交後倘有族親長幼上業異姓人等爭論家務內外分晰不清指產質押重複典當倚估冒認轇轕不楚等事俱惟出筆人一力承當與今受業主毫無干涉該產正上各契被亂遺失無存前經於姓稟請局憲給發聯照在案今成交日憑衆將本產聯照分裁付執為憑嗣後查出本產昔年隻字片紙以作廢紙無用此係兩相情願允買服劈並無價準逼勒等情今欲有憑立此杜絕劈賣空水塘並菜地文契永遠存照

計附本產分裁聯照一角付執又照

憑隣　丁振邦

憑中　楊保宏　張得才　龍燿南　黃子馨　鄧錦卿

甲長　王冉奎

代筆　徐雲逵　任少其

官牙　陸爾熙

光緒十六年八月　日立杜絕劈賣空水塘並菜地文契於維壽弟維才維和

一　周松林杜賣山右崗荒山契

立杜契傾心出賣荒山字人周松林今因家內需用急迫父子伯叔長房人等商量情愿將祖遺之業荒山一座地名山右崗當日央請中

會產

入金得和劉厚成説合出賣與楚南
定湘王行宮以作公山其山横直穿心十丈東至蔣姓山界南至姚姓山界北至將姓山界四抵分明當立界址三面言定時值英洋二十一元
整其洋係周松林親手領訖外不具領並無夯買勒逼等情倘日後業主有親房人等及一切葛籐另生枝節均歸出筆人理落不與受主人相
干此山自賣之後丈尺内任聽行宮人管理修培丈尺外係出筆人管業其山係行宮内公買日後廟内年老人身故蕭條均歸此山進葬修坟
毋許異鄉進塟二比自心情愿勿得異言今恐無憑立此山地契一紙收執爲據

憑中　蔣長松　劉厚成　周長元　蔣森源　姚萬春　金得和　高寅功

光緒二十年花月二十七日　出筆人　周松林

一楊元亮杜絶賣房屋基地文契

立杜絶賣房屋並空基地文契楊元亮今將兩契原買基地自行起造房屋並餘賸空基地己產一業坐落上元縣城内童家巷改字舖地方計
迎街舊址朝北門面現在調向起造計迎童家巷朝東大門一道内第一進倒座朝南七架樑瓦平房並排四間後寨簷迎官街碎磚牆一道其
西庙崇隣牆豎柱東庙土牆一道全前簷天井一方内左右小瓦披計小四厦第二進朝北空基地並排四間爲止該產東至官巷西至吕姓牆
脚爲止北至官街南至馬姓後簷滴水離牆三尺爲界查原買上契本係三大號今改做四號起造其寬深丈尺仍依原買上契爲憑註明交代
在房裝修及隨房土牆等件俱各絲毫不動寸磚片瓦塊石寸木寸土不留一應罄產交代近因搬柩回籍急需正用通家商議明白央中説合
自願將此房屋並基地憑中隣邀牙立契出杜賣與
勅封孚順永鎮定湘王　名下永遠執業當日三面言明照時得受本產杜賣價曹平京紋銀一百六十兩整其銀卽日一手交清憑衆眼同賣
主楊姓親手收楚毫厘不少銀契兩交明白自賣之後聽憑受業主卸拆翻蓋一切便用爲業遵奉部例凡杜賣之產契明價足日後永無增找
永不回贖永斷葛籐房係楊姓原買己產與別房別姓無干嗣後倘有族親長幼上業人等爭論以及重複典當侵佔冒認家務分晰不清契據
交代不楚一切糾葛俱惟賣主楊姓一力承當與今受業主毫無干涉此係兩相情愿允買服賣並非債準逼勒成交等情今欲有憑立此杜絶
賣房屋並空基地文契永遠存照

計附本產原買某地印契連尾一紙又上首余姓分裁缺下斜角聯照一紙又收伴范姓空基墨契一紙共三件批明付執

憑親　盧裕臣　盧少春

隣　呂金昌　馮貴山　祁依仁

中　陳笛秋

首事　黃瑞堂　楊志高　彭世非　鄧有元　陳富卿

代筆　馬鳴榮

官牙　萬遂夫

光緒三十二年三月初十日立杜賣房屋並基地文契楊元亮

一　楊志高杜絕賣瓦浮房牆壁等文契

立杜絕賣瓦浮房牆壁等文契楊志高今將用價受當方姓承佃旗租菜地自備工料起造瓦浮房己產一業坐落上元縣城內太平橋南首枝字舖地方計迎街朝西大門一道內三架樑廂披二廈後天井一方北首一進大七架樑瓦平房並排三大間後塞檐牆全前天井南首照牆一道東首伍架樑瓦平房二間又正宅東庙牆外靠牆道士冠廚披二廈並此房東首天井一長方左右廚柴披二廈天井東首西小七架樑瓦平並排小四間後塞檐牆全朝東後門一道爲止該房週圍牆壁均係己產其四至以四方滴水爲界牆垣以柱脚爲憑上房瓦木磚石相連在房裝修並樓閣板槅另單交代俱各絲毫不動寸磚片瓦寸木片板不留一應隨房盤產交代近因正用通家合商明白自願將此瓦浮房憑中邀牙立契出杜賣與

勅封永鎮定湘王名下永遠執業當日三面言明本房杜賣價曹平紋銀七百七十兩整其銀卽日付清憑衆交與楊志高親手收楚毫厘不少銀契兩交明白自賣之後聽憑受買主拆改修理居住取租一切便用爲業遵奉　部例凡民間杜賣之產契明價足日後永無加找永不回贖永斷葛籐房係楊志高當地自蓋己產與宗族兄弟無干倘日後有族親異姓人等爭論以及重複典押侵佔冒認家務分晰不清一切糾葛均惟賣主一力承當與受買主無涉該地旗租仍由上業方姓交納註明交代此係兩相情愿允買服賣並非誘哄逼勒成交今欲有憑立此杜賣瓦

會產　四〇

浮房文契永遠存照

計附當地墨契一紙

憑　總管芳士　陳文市　譚志祥　黎衛堂　高舜卿　熊祥梧

憑中　王碧初　喻春蓴　羿岳雯　章兆梅

代筆　王必發

官牙　萬達夫

同子姪　楊筱棠　楊柳青　楊竹青

光緒三十二年九月念日立杜賣浮房文契賣楊志禹

領　字第　貳貳肆　號（鈐蓋南京市土地局印）

領業執照

南京市土地局　爲

發給執照事查本市　區黃家塘街巷市有旂地經本局勘得東至——出路南至

左義勝宅地西至黃家塘官路北至——出路計面積三十二方丈六十七方尺四

十四方寸折合——畝伍分四釐四毫六絲——忽按照南京市土地評價委員

會評定該地之最低價爲每方丈銀十五元　茲由定湘王廟以每方丈銀

十五元四成繳價業經繳清地價共計銀一百九十六元零六分照章應准給予領

業執照須至執照者　右照給　領人　定湘王廟　收執

中華民國二十年二月三日　給

（右蓋南京市土地局印）

湖南旅京同鄉定湘王行宮所管房產及基地現時所收押租及按月收入行租一覽表

類別	坐落地點	門牌號數	構造間數	租戶姓名	收押租數	收行租數
房產	黃家塘	四八號	七架樑三間	劉炳軒	六十元	十八元
			五架樑三間			
			二架樑二間			
	黃家塘	五〇號	七架樑四間	劉文鐸	一百元	十七元
			三架樑二間			
	西箭道	五號	七間樑一間	朱伯煌	十元	三元五角
	同上	同上	同上	馬應龍	十元	四元
	同上	同上	同上	曹國光	十元	四元
	同上	同上	同上	張吉良	十元	三元四角
	同上	同上	七架樑半間	歐森本	十元	二元二角五分
	同上	六號	七架樑二間半	王浩然	二十元	八元
	同上	同上	七架樑半間	宋氏	五元	二元
	二廊廟街	六號	七架樑四間	黃孟祥	五十元	十六元
	同上	同上	七架樑四間 拔二間	袁耀軒	無四元	六元
	同上	十二號	七架樑兩間半	朱增玉	三百元	四十四元
基地	吉祥街董家巷			福記	九百元	三十五元五角
				達記	九百元	三十五元五角

湖南旅京同鄉定湘王行宮志略　四一

會產

商記　三百元　十四元

陳桃雲　十六元　八角二分

黃孟祥　四百元　四十元

四二

二郎廟街四六八號

一　收房產押金五百八十五元

按月收房產行租一百二十八元一角五分

二　收基地押金二千四百一十元

按月收基地行租一百二十四元八角二分

合計

第六節　祭器

神服

綉花神袍　二（九件色毀不佳　二件新製）素色神袍　六（成色不佳）繡花神帳　三（成色不佳大一小二）素色神帳一二（大小不一）披風　三　綉花桌圍　一　綉花堂彩　四（色毀不佳）素色桌圍　三　被　四　蚊帳　四　毯子　三　枕衣　三　綉花裙　一　素色裙　一　湖縐大神帳　一　線春大神帳　一　單掛褲　八

鐘鼓

王爺殿

殿外五層寶鼎　一（鐵質）大殿大鐘　一（架全）大鼓　一（架全）磬　一　香爐　七　香盤　三　大敬香　一（香案上用）燭台　一（錫質）萬年燈　一　燭架　二　令箭架　二　王爺座前香爐　一（錫質）小條案　一　燭台　一（錫質）筆架　一（仝上）硃池　一（仝上）行簽　一（錫質筒）銅燈台　一　六方玻璃掛燈　八　拜墊　六（座全）印色盒一（錫質）

娘娘殿

香爐　七（磁二鐵五）燭台　一（鐵質）燭架　三　香盤　四　萬年燈　二　六方玻璃掛燈　四　銅錫香爐　三（方二圓一存庫房）大鐘　一　錫燭台　三（大二小一存庫房）鼓　一　磬　一　拜墊　五（附座　關聖殿）

觀音閣

香几　一　萬年燈　一　香爐　三　燭架　一　磬　一　香盤　一　拜墊　三　錢桶　一

什物

王爺大殿大長櫈　六　月桌　一　靠椅　六　刷簽架　一　洗面架　一　痰盂　二（銅質）櫃台　二　主牌　一　簽櫃　三（

會產　　四四

抽屜全）　香燭櫃　一　高櫈　一　王爺大殿　方桌　一　錢桶　一　長梯　四（大小不一）
娘娘前殿　長櫈　二　錢櫃　二　香几　二　方桌　二
娘娘房內　方桌　二　洗面架　一（面盆全）　條桌　一　靠椅　四　茶几　一　平頭方椅　四　兩接鏡櫃　二　踏板　一　鏡頭箱
一　坐鐘　[illegible]　鐵架床　一　小脚盆　一　磁瓶　二　銅燈台　一　四方玻璃風燈　二　叁尺花奔屏條　四　五尺石拓屏條
四　印信　一（印盒全）　茶盤　一　茶食盒　一　洋磁貢碟　四　高脚玻璃碟　四　磁質花盆座　二
庫房大方衣櫥　二（灼傷）　衣箱　三（灼傷）　脚盆　一（灼傷）
觀音閣簽板櫃　二（各類板全）　鑾駕　十六（錫質）
會議室、大方桌　四　靠椅　十　茶几　四、板櫈　十六（新做）　痰盂　四（磁質）　黨國旗　二　規程鏡框　三　高脚玻
璃杯　四　玻璃杯　十六　台布　一　圓洋磁杯　二　文具洋磁盤　一　掛鐘　一　洋火架　二
事務室　方桌　一　靠椅　二　茶几　一　黨國旗　二
廟祝室　方桌　一　小長板櫈　四　鬧鐘　一
娘娘殿前天井　太平缸　五（架蓋均全）
廚房　鐵鍋　三（均破壞蓋全）　碗櫃　一　按板　一　水缸　一　脚盆　一　水桶　二　小提桶　一

第七節　匾對楹聯

湖使節重臨正狂寇憑陵郛郭仗天威遠襲神力潛驅依然峻堞岧嶢千里金湯資保障
仰恩綸特賁宜新宮煥燦欂櫨願雨夏無虞嗇秋大穫長此靈旗蔭庇四時俎豆荐馨香　咸豐七年丁巳巡撫湖南使者駱秉章謹上

從天下飛來縱蟻聚蜂屯指揮而定
望湘中遙祝能風恬浪靜靈爽常憑　同治二年癸亥湘鄉曾國荃敬上

靈蔭到大江以南百戰功成六朝地復
公事喜今日勾當三軍額頌一瓣心香　同治七年曾國荃再上

對聯

禍福無門惟人自召

善惡之報如影隨形　周豐岐

禍淫福善神道無私暗地勿欺心果報臨頭應破胆

暮鼓晨鐘人羣深省涵天曾迸響華夷入耳並警心　余繩武

神武濟艱危迄今湘水無波百代嵐香留泊上

英靈昭宇宙但願陽春有脚一般雨露布江南　朱蓮勝

得天地正氣赫濯聲靈不獨湘江被澤鍾阜蒙庥俎豆馨香崇報饗

惟神明有知轉移禍福從此日月常昭河山並壽巍峨廟貌永瞻依　王宣禮

全楚戴洪庥神通遍被三吳地　普

靈萱邀福庇頂祝虔將一瓣香　李前晉

祈禱有感斯通蔭普家人恩周旅食

神靈無往不在長沙古廟建業行宮　余繩武

浩氣壯山河海國方增王者祀

神功起沉錮佛雲還作故鄉君　曾廣河

行路難哉一千里抱病前來盧扁訪無門倘非東道主人那時必異地身羈朝天氣沮

沐恩渥矣六七劑仙方拜賜岐黃真有術普告南都卿士此處即藥王殿上醫聖宮中　謝業卿

生爲英歿爲靈年代已遙精爽在

漢南楚江南越疆輿雖隔悃忱同　汪樹堂

對聯

定亂保邦厥聲有赫
湘清嶽峻其德允孚　恪靖親軍正左哨全體

昔處湘中久欽赫濯聲靈彰善癉惡
僑居白下更托仁慈受庇却病延年　周豐岐

澤被東南微夫人不及此
心存眗與非衆母斯謂何　兩江督中協王幼山

觀音閣聯

蓮座清華爭日月
楊枝甘露普江淮

匾額

上諭加封孚順二字封號

光緒十五年浙江巡撫移咨加封頒匾奏案湖南巡撫王文韶恭錄禮部議奏爲遵
旨議奏事光緒十四年九月二十九日軍機處片交浙江巡撫衛榮光奏請
敕加湖南善化縣城隍神封號並頒給匾額一摺奉
硃批禮部議奏欽此欽遵到部據原奏內稱准浙江提臣歐陽利見咨稱湖南長沙府善化縣
城隍夙著靈異咸豐二年粵匪初犯省城賴以保全經湖南巡撫奏奉
敕封永鎮定湘王嗣後湘楚各軍出征他省皆奉　神位以行光緒十年浙江海防吃緊該提臣出駐金鷄山督師防堵亦迎　神位祀於行營
十一年正月法船撲犯鎮口知金鷄山爲主將駐紮之所日用開花砲遙擊砲子重者三百餘磅兩次將及營忽盤旋落於山右山後並不炸裂

由是水陸巡防軍心益固實賴　定湘王顯靈保佑式遏寇鋒捍衛海疆厥功甚偉今海宇澄清以及四年在事將士咸沐　恩施回念
神功未敢湮沒仰懇　敕加封號等因臣等謹查定例核與捍災禦患功德及民之例相符臣等議擬如該撫所請
敕加封號以答神庥如蒙　俞允臣部移交內閣撰擬封號字樣呈進恭候　欽定後由部行文該撫遵照辦理爲此謹奏光緒十四年十一月
二十九日奉　旨依議欽此當經抄錄原案移會內閣撰擬封號字樣內閣奉　硃筆圈出孚順二字欽此光緒十五年四月浙江巡撫衙
榮光移咨湖南巡撫臣王文韶恭錄

管帶霆慶右營熊道賓　前營鄧大順　左營周萬國　後營楊復勝　仝敬獻

光緒二十一年乙未歲五月上浣　穀旦

沛澤東南　劉坤一　赫聲濯靈　楊金龍　湘雲遠蔭　譚碧理　有求必應　葉天涯　福庇同欽　劉能紀
鴻恩浩蕩　彭志道　明德維馨　曾廣河　慈雲普蔭　陳洒勳　我有二天　文鼎仙　誰謂無神　周希洪
聲靈赫濯　鍾期荃　功德無量　朱毓芳　威靈顯赫　夏有柱　恩同再造　陳胡氏　誠求必應　李柏年
蔭分衡嶽　王袁氏　威福應祈　張信瓛　恩光普照　曾廣錡　保赤德大　左　容　德沛羣寮
恩深保赤　曾紀壽　恩威遠屆　德威再生　徐正明　恩流淮水　威靈顯應　蕭文高
湘雲遠蔭　神庥無極　佘　恆　神之格思　慈航普渡　江孝詠　慈雲普蔭　李仍庚
慈雲普蔭　劉彭氏　民所歸往　澤潤生民　澤被生民　威靈浩蕩
威靈遠播　禦災捍患　澤被湘流　衡雲遠蔭　恩同再造
澤被三湘　神靈默佑　陳傳道　格通育應　澤被南湘　袁大升　東南保障　鄧世麒

前院戲台台口兩旁大柱一聯云

對聯

光緒丁亥夏四月

宇宙一大戲場富貴榮華都是空中色相

古今許多懿行忠孝廉節皆爲後進楷模

湘鄉曾國荃敬撰并書

戲台馬門兩旁古往今來祇如此

淡粧濃抹總相宜

左邊　右邊

禁門當中上四字

入雅　出風

吳歌楚舞

台口當中上四字

神聽和平

曾國荃題

四八

第三章　祭祀

第八節　祀典規定

一、五月廿八日爲　定湘王聖誕二月十五日爲　定湘王娘娘聖誕照章舉行祀典所有禮節儀物規定分列於下

二、歲逢兩次誕辰由董事會常務董事主祀先期三日由行宮經理員在董事或同鄉中覓其嫻於禮節聲音嘹亮者四人爲贊禮員四人爲執事員陳設香案食案前東西各二敬謹舉行祭祀至預祝晚食之後主祀員禮生及執事員或因夜深路遠難於歸宿次日難於及早來宮者卽由經理員招待或於行宮預備鋪枕或於附近旅社寄宿期於祀事無誤

三、王爺誕辰向用羊一豕一先日下午三時由經理員焚香燃燭鳴炮鳴鐘鼓奏樂宰牲用大磁碟四個盛羊血二豕血二以羊豕血各一分獻於　王前娘娘前羊左豕右獻牲體亦如之不可倒置次日上午二時正祀翅席兩筵一貢於　王前一貢於娘娘前所貢之羊豕必經正祀畢乃可撤去筵席則由經理員招待主祀與禮生執事暨董事各員列席至貢祀之羊豕亦由經理員分配頒胙於主祀禮生執事及各董事並酌送車費

四、恭逢　娘娘誕辰不用羊豕應於先夜預祝備葷素與水果十二碟並麥食二席次早正祀翅筵二席一以祀王爺一以祀娘娘祀畢由經理員分別招待各員列席

五、兩次誕祭所有應用各物先期三日由經理員預備齊全以免臨時缺略之誚

六、誕祭菜品酒席由經理員嚴諭廚夫清潔烹調不得草率敷衍

七、祀事時贊禮員主祀員執事員各正衣冠肅立恪恭將事不得戴眼鏡不得吸紙煙不得交頭接耳任意談笑禮生四員一通贊二讀祝三東引四西引由通贊員先將禮節支配東贊西贊先行演熟俾免臨時錯誤當未舉祀之先由通贊員詳視一律周備再贊禮

八、祀事贊禮凡行宮內外人等不得喧譁務宜肅靖

九、謄繕祝文祀文用梅紅紙或上等黃表正式紅摺每板五行表則每板六行切不可折有痕迹應用格套繕求其端正切不可錯落剜補接

續紙張字迹潦草總以誠敬爲主應由經理員先期辦好以免臨時倉猝褻瀆之咎

十、每逢誕辰祭祀已畢之後由經理員飭厨夫辦八大碗一桌以福廟祝因其平日勳懇奉祀值此誕辰應廣神祝

十一、每年兩次誕祀所有用費由經理主持開支若干或於誕辰次日或於每月常會開具清單審核懸單說明以便週知

十二、誕辰先期三日由經理員名義備文呈報警備司令警察廳各派武裝兵警士四名來宮鎮懾招待茶煙酒飯

十三、誕辰僱鼓樂四名先日下午二時來宮次日下午四時撤去

十四、凡逢誕辰除敬神士女外不得有閑雜人等擁於殿上俾資肅靖而昭誠敬

十五、誕辰先期由經理員飭廟祝將前後殿上香案及院內打掃整理清潔神帳堂彩一律換新俾肅觀瞻而昭誠敬

第九節　禮儀

行預祝聖誕禮正祀　內外肅靜　執事者設香案　設食案　設酒樽所　設讀祝位　設束帛　設滌洗所　設燎所　設鼓樂所　設鐘鼓　司鼓者伐鼓三通　司鐘者鳴鐘三叩　大樂一奏　小樂一奏　伐鼓初嚴　鳴鐘初匝　大樂初奏　小樂初奏　伐鼓再嚴　鳴鐘二匝　大樂再奏　小樂再奏　伐鼓三嚴　鳴鐘三匝　大樂三奏　小樂三奏　鐘鼓交作　大通三迭　奏大樂　更小樂　主祀員進位　申黃　磬擊　鞠躬　跪　叩首三　興　平身　行上香奠爵禮東引贊　主祀員詣滌洗所　滌洗　進巾　受巾　返巾　滌畢　詣香案前　跪　初上香　亞上香　三上香　酌酒　受爵　酹爵　反爵　俯伏　興　平身　行初獻禮　主祀員詣食案前　跪　執事者獻箸　獻爵　獻卮　獻醯醢　獻帛　初獻爵　獻果碟　獻園碟　初獻饌　主祀員俯伏　讀祝生　就讀祝位前跪　止樂　讀祝　起樂　讀祝生叩首三　興　主祀員　興　復位　西引贊　行亞獻禮　主祀員詣食案前　跪　亞獻爵　亞獻饌　俯伏　興　復位　行三獻禮　主祀員詣食案前跪　三獻爵　三獻饌　獻麥食　獻粢盛　獻羹湯　進香茗　俯伏　興　復位　跪（西引贊）叩首三　跪　叩首三（通贊）　司帛者捧帛　司爵者捧爵　讀祝者　捧祝隨主祀員詣燎所　執事者化表　司帛者化帛　讀祝者化祝　司爵者奠爵　主祀員望燎一揖　再揖　三揖　禮成　奏大樂　鳴鐘鼓　鳴炮　禮成　主祀員退位　以次皆退位　告徹

（說明）每歲恭逢　王爺娘娘聖誕先夜八時行預祝禮以毛血爲初獻以果碟園碟爲亞獻以麥食香茗爲三獻至次日上午二時行正

祀禮主祀員進位時卽呼執事者瘗毛血切不可遺忘而預祝與正祀禮目在起首一句分明中有獻毛血瘗毛血之別惟通贊臨時相度爲之其餘禮目皆一致

預祝文　王師聖誕文

維歲　維月　維朔　維日　湖南旅京主祀員　及同鄉各界人士謹以柔毛剛鬣毛血果品麥食不腆之儀預祝於

敕封永鎭孚順定湘王殿前曰伏維

樞環北極

蹟著南湘

德峻巍峨七二峯衡嶽雲高

蔭垂吳地

恩波浩蕩八百里洞庭水遠

貫澈秦淮

馨香偕日月以俱長

赫濯與河山而並壽玆逢

聖誕共切拜颺爰具菲儀虔伸預祝遊

霽月光風之表

春臺共躋東南賫

保障之功沛

仁民育物之恩

壽域宏開億兆上

祭　示
臺萊之頌
聲靈丕振
鑒此微忱謹祝

預祝　娘娘聖誕文

年　月　日湖南旅京（云云均同上）預祝於
敕封永鎮孚順定湘王
娘娘殿前曰伏維
位正離宮
靈垂巽宇
參代
天行化之力
慈雲護物
恩膏普徧於人間
佐護國佑民之功
懿教闡揚
刑于昭垂於寰宇
玆逢
王爺聖誕之日多士慶伸預祝之忱爰具菲儀伏祈
昭格謹祝

正祀　王爺聖誕文

年　月　日湖南旅京（云　云　同上）致祀於

敕封永鎮孚順定湘王殿前曰伏維

王爺代

天行化

護國佑民

遏寇氛而保湘城

王位錫自清廷

馨香昭垂於萬古

格悃逆而啓彊宇

神威揚於空際

佑助感頌於三軍沛

鴻慈而宇宙生輝不獨楚水吳山咸登

壽域敷

駿惠而乾坤得育凡屬黎民赤子共躋

春臺兹逢

聖誕之期用伸慶祝之禮時饈特獻敢云于豆于登牲醴虔陳惟冀我將我享

於昭在上

鑒此精虔謹祀

湖南旅京同鄉定湘王行宮志略

祭　示　　五四

正祀　定湘王娘娘聖誕文

年　月　日（云云同上）致祀於

敕封永鎮孚順定湘王

娘娘殿前曰伏維

靈鍾聖善

德著懿恭

幽閒貞靜肅坤儀六十年

正位行宮覃敷甘露

燮理陰陽扶泰運七千里長江流域共戴

慈雲玆逢

王爺聖誕之辰多士虔伸嚴祝之禮瞻

嫦星之焕彩瑞溢東瀛仰

婺宿之騰輝

德孚南極爰陳不腆

鑒此微忱謹祀

行宮附祀及日常敬恭

行宮前殿東邊有春秋閣祀　關聖帝君設有鐘鼓現因改爲學校教室暫將　關聖移於　娘娘殿東邊祀之從權也東邊原有庫房一間去年四月十六日夜深無意被燬及時修復現改爲董事會議室上有樓敬設大仙西邊有湘籍死亡於此地無親故照應者立主牌以祀之

前殿西邊有觀音閣祀觀音大士各界士女來行宮敬神者多敬之行宮有廟祝四人專司日常敬恭及各附各神位之前每日晨午昏三次擊鼓鳴鐘焚香炳燭誠意致敬有寢宮每日服侍尤爲誠懇朔望來宮進香者絡繹不絕而於附祀各神前未之或遺數十年來如一日亦可見聲靈赫濯炳曜人寰誠非偶然也

奉祀　關聖

南京定湘王行宮自遜清光緒九年建立嗣後擴張增建宮內東西兩旁花廳廂房之後經兩江督署湘籍先鋒官與行宮首士建議奉祀

關帝聖像於東花廳每歲五月十三日恭逢

聖帝誕辰首士舉行祀典主祀者爲督中協城守協督左遊擊而督署先鋒戈什以及城中都守千把無不駿奔咸集以襄祀事預祝正祀濟濟蹌蹌誠盛事也後將魁星閣改爲春秋閣升祀聖帝於閣誕辰尙率舊章度行祀典迨民國十八年開辦湖南旅京小學遂將東花廳及廂房劃爲校址春秋閣爲女教員住宿之處聖像雖在於閣該女教員伴間以篋蓆嘻可嘆矣於是誕辰預祝正祀之禮節儀物付之闕然祇於正誕日備以粗肴魯酒由廟祝祀之而已民國二十二年奉

聖帝牌位祀於　娘娘殿東旁鐘簴之下而法身仍在閣上以

蓋天古佛武大聖人之尊位不得其正雖每日由廟祝三次供奉香燈而來享受與否非所敢知矣玆將昔年恭逢

聖帝誕辰祀典述明於下

一、每年五月十三日恭逢誕辰先期由定湘王行宮首士用紅全書內附紅單帖外加紅封套三份一督中協一城守協一督左遊擊請來主祀如三官中有一非湘籍者則不請也預祝正祀由中協主祀恆多

一、恭逢誕辰　期由定湘王行宮首士柬請兩江督署湘籍先鋒官及在城文武官僚同襄祀事

一、由定湘王行宮首士於誕辰先期柬請湘籍禮生四員鼓樂四名先日下午四時行預祝禮至次日上午十時正祀筵畢散去

一、恭逢誕辰由定湘王行宮首士先夜備十二碟麵席一桌並時鮮果品爲預祝之供祀並備來賓預祝麵席四桌次日正祀備豐潔翅

祭　祀

筵一席爲祀品至於款洽來賓亦以同樣之席待之每年約有八九席之多

一、聖帝誕辰先夜預祝次日正祀僅此一文由首士預先覓善書者用上等黃表繕就貼於祝板上讚禮時讀祝生跪讀其文

一、祀　聖帝誕辰禮節與祀　定湘王誕辰禮節無異惟祀品則無柔毛剛鬣耳

一、定湘王殿前西邊建立觀音閣奉祀觀音大士每歲二月十九日六月十九日九月十九日三期由行宮首士飭廟祝潔備時鮮果品香燭祀之並不用筵席讚禮以祀故無此祝文茲將　聖帝誕辰祝文錄之於下

祀　關聖大帝誕辰文

維歲　維月　維朔　維日　（用兩江督中協官銜）　謹以香楮清酌時饈不腆之儀致祀於

蓋天古佛昭明翊漢關　聖大帝殿前曰伏維

浩氣騰霄

丹心貫日

扶正統而彰信義

威振九州

完大節以篤忠貞

名高千古

伏魔蕩寇歷代著其奇勳

覺世牖民寰宇欽其明訓恭逢

聖誕共切拜颺特獻時饈同伸慶祝伏冀

鴻威震懾永銷金戈鐵馬之聲

駿惠覃敷長遊霽月光風之表儀陳不腆

察此精[illegible]謹祀

以上所述皆昔年行宮奉祀

關帝誕辰禮節儀物如此但望復其舊章逢其誕辰循例辦理誠神歡人樂之盛典也

神龕兩旁小柱聯云

數定三分扶漢室削吳吞魏辛苦備嘗未了生平事業

志存一統佐熙朝伏寇降魔威靈丕振只完當日精忠

兩旁壁柱聯柱云

生蒲州聚涿州散徐州烈烈威風振荊州志在春秋功在漢

扶玄德交翼德斬龐德凜凜冰霜驚孟德忠同日月義同天

光緒丙申夏五月　長沙常　牧敬撰并書

附呈報警察廳／警備司令懇予飭警兵士來宮保護文

具呈人湖南旅京定湘王行宮經理

為例祀神誕懇予飭警兵士來宮保護事緣湖南

定湘王在京設立行宮已六十餘年歲逢神誕舉行祀典本京各界人士於是日來宮瞻拜以答神庥者實繁有徒茲於本年　月　日即

夏歷五月廿八／二月十三日恭逢定湘王／娘娘誕辰照例舉行祀典理合援案報請

廳／部飭派武裝警兵士四名於是日上午八時至下午四時止來宮保護俾維秩序而保安寧實為公便謹呈

警察廳廳長

警備司令部司令

湖南旅京定湘王行宮經理　（蓋章）

附　　呈　　五八

附中城兩協告示

署理 兩江督中 江甯城守 協兼統督標 親軍 新兵 全軍補授 壽春 福山 總鎮 王 楊　爲

示禁事本年六月二十日准

兩江督轅先鋒官湖南旅甯定湘王行宮首士熊道濱函開光緒九年前爵閣兩江總督部堂左因

定湘王於咸豐二年保護湘城顯著靈異由是始則用兵南暇繼則出師西陲皆敬設王位於軍中每當戰攻之時顯見順風助陣神兵濟

師不數年撲除江浙之寇氛蕩平陝甘之回逆而且軍中疾疫在行位前求茶水藥餌服之立愈尤足見神靈之卓著南京爲

定湘王佑助師征剿滅寇匪建功之區設立行宮俾伸崇德報功之意十餘年來士民禱求無不立應似此敬恭明神之地理宜肅靖乃近

日忽有此著短衣三五成羣時來行宮納涼亦身躺臥於前後殿當經廟祝婉言開導不獨不服且出言不遜幾致肇毆爲此函請給示嚴

禁俾儆頑徒而答神庥等因准此除函復並分飭駐城營哨逐日派兵巡查外合亟出示嚴禁爲此示仰卽遵照以後不准有閒雜人等往

宮乘涼滋擾倘有不遵由巡查員拘送縣署治以地棍流痞之罪切切此諭

光緒二十二年六月廿八日

實貼南京定湘王行宮

附上元縣示

欽加同知銜賞戴花翎署理江甯府上元縣正堂張　爲

出示嚴禁事本年六月二十日准

兩江督轅先鋒官湖南旅京定湘王行宮首士熊道濱函開光緒九年（云云同前）等因准此除函復外爲此出示嚴禁閒雜人等不准

在行宮藉此納涼不服廟祝開導肆行滋鬧倘有不遵一經拘獲送署按照痞棍擾害地方律治罪決不寬貸切切此諭

光緒二十二年七月初二日

第四章　教育事業

第十節　學校緣起

民國十八年五月經同鄉會常委蔣育寰陳貞瑞等開執監全體會議公决開辦湖南旅京小學校三處一在於同鄉會館一在於定湘王行宮一在於下關遂組織校董會二十五人成立由蔣育寰經手向同鄉譚組安等募捐達六千餘元是年九月成立湖南會館內第一校由蔣育寰充任校長一二三年級學生四五十名分班教授次年一月由校董會决定成立第二校於定湘王行宮學校於民國十九年春成立當時行宮東首及西首觀音閣等處均爲軍警佔據學校辦公在兩廊亭子間西首爲講堂（現爲木器舖）本行宮所存房間不過二三間是年冬經前校董蔣世非奔走與軍警當局極力交涉始將房屋讓歸學校並决定將行宮西首房屋改爲舖面每月所得行租以補助學校原議下關開辦一學校付之缺然且不旋踵而會館之第一校倒閉矣現所存者僅此行宮之第二校矣此辦理湖南旅京同鄉小學校之緣由如此

附一　教育局備案

民國十八年六月二十二日同鄉會常委蔣育寰陳貞瑞等呈請

南京市政府教育局籌備組織八月五日奉

教育局長顏樹森批准備案定名爲南京市私立湖南旅京小學校校董會校董十三人八月十三日奉教育局核准籌備湖南旅京第一二三小學校校印備案十九年三月十七日奉教育局指令准予設立第二小學惟校名湖南旅京公學應改稱私立湖南旅京第二小學主任校董應改稱董事長或校董會主席

第十一節　行宮補助小學校經費

定湘行宮開辦南京市私立湖南旅京一小學校劃撥湖南旅京同鄉會所管田房及定湘王行宮之款如此情形說明於上該校猶有隨時函請本行宮補助其費者例如該校二十四年開辦童子軍函致行宮補助經費二十元又於本年四月二十六日同鄉理監會校董會行宮

布　告　六〇

董事會三會聯席會議定湘王行宮撥洋四百元清還該校所負之債如行宮有款存餘無不樂爲補助焉

附軍政部佈告務字第九六三六號

爲佈告事案據湖南旅京小校校長蔣世非呈稱竊國民教育爲國家之基礎本黨訓政時期之工作亦以此爲重要施政方針之一湖南旅京鄉人等有見及此爰集資開辦湖南旅京私立小學校先辦小學俟小學修業期滿即行開辦中學已於上年先後開辦第一校於釣魚台湖會館第二校於二廊廟街定湘王行宮開課以來將屆一年學生計二百三十餘名原有校址尚不敷用誠恐軍警借用對於教育實施殊多困難懇請鈞部俯賜頒發禁止軍警駐紮佈告以全教育等情據此查軍隊不得佔駐民房學校迭經明令禁止有案據呈前情除批示外合行佈告仰各部隊官兵一體遵照毋違切切此佈

中華民國十九年九月二日　　部長何應欽

第五章　慈善事業

第十二節　救濟

一、救濟凡湘人有流落此地貧苦已極難謀日食來此求助者每名給洋二角然來者甚多日難計數雖所給無多然亦只能救急而不能救貧矣求助者當諒之每月約需救濟費洋二三十元不等均有收據存案

一、醫藥每年夏秋天氣炎熱之時施以痧藥救急水藿香丸等藥及茶水或病重亦貧無力謀醫藥者即由董事會名義送醫院療治住院費資由會付給以夏秋一季計之共需費洋五六十元

一、掩埋凡湘籍同鄉病故不能收殮者經同鄉證明由會酌予出資收殮送入義地掩埋

一、每歲逢中元凡有主牌附祀於行宮者焚化紙錢往生錢並備肴饌酒食祭之俾利孤魂而資超度

第六章　儲蓄

第十三節　儲蓄議決案

民國十九年一月二十五日行宮主任彭君世俊因行宮經費集會議決各項泐石嵌於　娘娘殿前川門東邊之牆其碑文已錄於上第五節

查本行宮東邊菜園之地租與建、福、商、三記定十六年爲期滿由行宮贖回基地當得押租洋二千元此次彭主任開會以行宮經費議決一案第一條菜地起租按月提洋四十元存儲以終年計之可存得四百八十元若以終年存息計算約得五百元以租地十六年爲期滿收回之時計之可得儲蓄八千餘元若能以息起息則收回退押及種種費用綽有餘裕矣

第七章　規章

第十四節　湖南旅京同鄉定湘王行宮董事會章程

第一條　本會以聯絡同鄉感情辦理同鄉之教育慈善公益及救濟諸事宜爲宗旨

第二條　本會遵照　政府頒佈監督慈善團體章程第四條之規定組織董事會定名爲湖南旅京同鄉定湘王行宮董事會

第三條　本會對於辦理第一條各項事宜外於每年

定湘王及　娘娘誕辰辦理祭祀事宜

第四條　本會設董事二十七八於

王爺誕辰由同鄉大會公舉之並經呈報　市黨部　社會局備案

第五條　本會於董事二十七員之中互選常務董事三員至五員監察董事三員主持一切事宜

第六條　本會董事任期三年常務董事任期一年但得連選連任

第七條　本董事會推舉董事二員爲正副主任管理本行宮事務歸常務董事會監督指揮

慈善救濟章程

第八條　本會董事均係名譽職如因事需支用車馬費得實報實銷

第九條　本會應於每月終將一個月內收支款目及所辦事務報經董事會審查後公佈並定每年
王爺誕辰將本會一年來收支狀況及辦理教育公益慈善諸事經過情形報告同鄉公核

第十條　本會對於行宮所管產業均須編造財產目錄並須造具每年預算書經董事會審查公佈後並於
王爺誕辰報告同鄉查核

第十一條　本會董事職員均須勤慎奉公廉謹守法如有溺職舞弊情事經同鄉檢舉查有證據時得於
王爺誕辰同鄉大會處理之

第十二條　本會董事職員如任事二年以上確係著有成績者於
王爺誕辰開同鄉會議決獎勵之

第十三條　本會服務規則及選舉法另定之

第十四條　本會章程自公佈之日實行之

第十五節　湖南旅京同鄉定湘王行宮服務人員規則

一、本規則根據董事會章程第五條第六條訂定之

一、本行宮正副主任負有管理行宮各事務之責任

一、本行宮所管各房產所有出租退租押金行佃之催收結算概歸正主任負責副主任幫同辦理

一、本行宮前後殿錢櫃鎖門每日由正主任親自粘封親管鑰匙逐日下午五時督率廟祝在殿前開櫃驗收後隨即封鎖並將入款按日登
記按月與廟祝登記之數目核對

一、本行宮正主任每逢
王爺與　娘娘聖誕先期三日招集全體董事籌議並應查照祀典所規定者妥爲備辦

一、本行宮正主任按月將收支款項照章一面開具細數招集常會報由常務董事監察董事會同詳加審核後繕單公佈一面將審核之細數紀錄於簿備查

一、本行宮如有特別支出需款在五十元以上者必須由正主任先行提出常務董事會通過不得逕行動用

一、正主任爲注重職司重要須有財產逾五千元以上富有文理繕算俱優辦事公正廉明爲同鄉所信仰者乃可勝任並須取具確切殷實店保兩戶切結交本會存卷以後如有虧空情事一面傳知保戶共同負責賠償一面開會另舉以杜侵蝕之弊

一、本行宮副主任襄助正主任辦理行宮一切事務

一、本行宮僱用廟祝四人每日三次供奉前後殿及附祀各神前香燭灑掃潔淨並隨時妥爲照料香客廟祝有缺出時應由正主任慎選同鄉年滿四十歲者提交董事會取得殷實店保切結乃得補充之

一、本規則如有未盡事宜得由董事會提議修正之

第十六節　湖南旅京同鄉定湘王行宮寄寓規則

一、本行宮爲敬恭神明之地房屋逼窄或有同鄉來京暫爲寄寓原爲體恤起見他省人不得來宮寄寓或借宿

二、來宮暫寓者自應先向本行宮正副主任聲明俟其查明有無下榻地點得其許可方准暫寓不得逕行搬入

二、來宮暫寓者應聽正副主任之指揮不得在前後殿兩旁下榻

一、來宮暫寓者以三五日爲期不得視爲久住之所

一、來宮暫寓者必須邀請保人簽名蓋章必書明年歲職業縣籍交事務員登入暫記册內並登時轉報警所備查恪守警章如無保人者立卽辭退倘來人以暫寓難於覓保爲詞強行搬入卽由正副主任切實開導婉言制止若再不服卽報警所處理

一、來宮暫寓者自備伙食不得任意擇地炊爨當應服從指定公共厨所爲暫寓人作食之地以免火患而昭清潔

一、來宮暫寓者須注重清潔衛生以免汚穢否則拒住

一、來宮暫寓者不得於日中夜間彈琴唱曲妨礙公共安寧及其他觸犯警章之事違者拒住俾昭肅靜

一、來宮暫寓者必須遵守本行宮規定頭門每夜十時落鎖其鑰匙由副主任收管不得深夜出入廟祝亦不得任意取鑰啓放（但深來深求神者不在此限）

二、凡來宮暫寓之同鄉務須遵守本規則如有故意違背者卽行勸令移出

一、本規則自公佈之日實行如有未盡事宜得由董事會修正之

第十七節　本行宮董事選舉法

第一條　本選舉法依據中央政府頒佈人民團體選舉法擬定之

第二條　本選舉法根據民國十八年組織本行宮董事會與二十一年改選董事呈請南京市黨部社會局所備之案辦理

第三條　本董事會定額二十七員組織之定名爲湖南旅京同鄉定湘王行宮董事會

第四條　本會董事由湖南旅京城廂內外東南西北中下關六區同鄉於　王爺誕辰大會選舉之

第五條　本會董事必須久住南京同鄉有正當職業年滿二十歲以上者爲合格

第六條　凡有左列情事之一者無被選董事資格

甲、有精神病者

乙、有不良嗜好者

丙、曾犯刑事處分褫奪公權未復權者

丁、侵蝕公款　確實證據者

第七條　本會董事或有濫假本會名義破壞名譽者得開全體會共同嚴重議處

第十八節　附現任董事姓名表

職別	姓名	別號	年齡	縣別	界別	通訊處
常務董事	彭志道	星燦	四七	湘鄉	政	盧妃巷洪武路洪武新村第四號
	王定岑	課亭	六七	同上	商	城北太平橋北口三元堂藥號
	彭明俊	克修	五五	同上	政	
經理	劉毅剛	雲秋	四〇	甯鄉	商	太平橋北頭劉義興肉號
事務	龍驤煦	湘漢	五七	長沙	警	住本行宮
監察	袁榮陽	東丞	六〇	湘鄉	商	太平橋
	吳正才	紹仁	六九	甯鄉	政	下關虹門口四十三號
	朱祿卿	南海	三九	湘鄉	商	盧妃巷劉公祠湘寧旅館
	蔣銑	世非		衡陽	學	
董事	周龍光	覲彤	七七	長沙	政	中華路實輝巷二十號
	黃鉞	幼蟬		甯鄉	政	釣魚台八十九號
	曹執中	精一	三九	郴縣	政	釣魚台七十三號
	胡瀚	次林	五七	湘潭	政	興中門內鹽倉橋四十六號
	曾漢卿	國斌	四〇	湘鄉	軍	綏遠路電話局東七號
	傅祥麟	華棠	五一	湘陰	商	夫子廟街新華彈子房後進門牌七十六號
	謝國樑	禹成	三一	湘鄉	商	水西門安徽會館西長泰傘號
	左厚成	厚成	四六	湘陰	商	珍珠橋聚東旅館

會議表

六六

楊文寶	樹生	三〇	長沙	商	上浮橋北口楊合記磚瓦店
歐陽濤	茀光	六一	湘鄉		釣魚台湖南會館內
杜煥竹	漢周	五七	湘鄉	商	
謝鴻恩	良華	五五	同上	商	國府後黃家塘三十八號
余繩武			長沙	政	小松濤巷二十四號
彭維傑	孝英	三六	湘鄉	商	太平橋南二十五號
唐銳澄	耀先	三〇	甯鄉	商	太平橋北珠江路鑫源旅館
張廣泉		四九	湘鄉	政	
鍾際春	辛田	三八	同上	商	水西門外街十八號通湘裕
鍾鶴才		四九	同上	商	儀鳳門繡球山一百十二號
張祖聯	宛僧	四七	湘潭	軍	同上
劉文龍	梅齋		湘鄉	警	同上

說明

一、民國二十一年經同鄉公議遵照　政府頒佈監督慈善團體章程第四條之規定組織董事會由湖南旅京城廂內外東南西北中下關六區同鄉公舉之定名爲湖南旅京定湘王行宮董事會以維持行宮事務爲宗旨

二、本會董事計三十員內推任常務董事三人經理一員監察董事四員事務一員爲經理之輔助卽於二十一年宣告成立呈報　市政府社會局在案

三、董事會章程及會議程序另訂之

第十九節　行宮董事會議

一、無論董事常會特別會全體會同鄉大會必須公推臨時主席及紀錄員凡到會董事各自簽名以及提議之事表决之件逐一紀錄於簿以便查考

二、每月上旬由行宮經理員召集常務董事監察董事審核上月收支細數審定後懸單通佈或有他事須通過常會者即提出事實議决之

三、行宮如有臨時緊要事故發生由經理員函知事實召集常務或全體董事開特別會議公同表决之

四、每年須開全體董事會四次審查經過事實俾免隔閡之慮

五、五月二十八日　王爺誕辰先後數日內即開同鄉大會一次宣佈一年內收支及經過種種事實或有應沿應革之事由大會議决之

謹將編輯定湘王南京行宮志略所用各費分類報告於左

計　開

調查費	洋四元三角九分
編輯費	洋三十八元一角二分
審查費	洋十四元七角
校對費	洋三元
攝影費	洋十二元五角
文具費	洋二元六角五分
傭員薪資	洋二十元
裝訂印刷費 紙張製版	洋二百三十三元

總共用費國幣三百二十八元三角六分

會議表

圖書在版編目（CIP）數據

金陵涇邑會館録 / 涇邑會館編. 湖南定湘王南京行宫志略 / 行宫董事會編. -- 南京 : 南京出版社, 2024.8

（金陵全書）

ISBN 978-7-5533-4769-1

Ⅰ. ①金… ②湖… Ⅱ. ①涇… ②行… Ⅲ. ①會館公所 – 史料 – 南京②城隍廟 – 史料 – 南京 Ⅳ. ①K928.71 ②B957.253.1

中國國家版本館CIP數據核字（2024）第088568號

書　　名	【金陵全書】（甲編・方志類） 金陵涇邑會館録・湖南定湘王南京行宫志略
作　　者	（清）涇邑會館；（民國）行宫董事會
出版發行	南京出版傳媒集團 南　京　出　版　社 社址：南京市太平門街53號　　郵編：210016 網址：http://www.njcbs.cn　　電子信箱：njcbs1988@163.com 聯繫電話：025-83283893、83283864（營銷）　025-83112257（編務）
出 版 人	項曉寧
出 品 人	盧海鳴
責任編輯	徐　辰
裝幀設計	楊曉崗
責任印製	楊福彬
製　　版	南京新華豐製版有限公司
印　　刷	南京凱德印刷有限公司
開　　本	889毫米×1194毫米　1/16
印　　張	25.75　插頁　11
版　　次	2024年8月第1版
印　　次	2024年8月第1次印刷
書　　號	ISBN　978-7-5533-4769-1
定　　價	800.00元

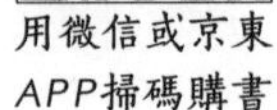

金陵全書

甲編·方志類·專志

金陵涇邑會館録

（清）涇邑會館 編

湖南定湘王南京行宫志略

（民國）行宫董事會 編

南京出版社

南京出版傳媒集團